中等职业院校铁路类专业系列教材

Chengshi Guidao Jiaotong Piaowu Guanli
城市轨道交通票务管理

朱俊达　周卫东　主　编
庞建昭　吕小帅　孙伟峰　副主编
　　　　郝风伦　主　审

人民交通出版社股份有限公司
北　京

内 容 提 要

本书为中等职业院校铁路类专业系列教材。全书共包括八个模块，主要包括城市轨道交通售检票系统、票卡媒介、自动售检票系统、自动售票机、半自动售票机、自动检票机、手持检票机、车站计算机。

本书主要供中等职业院校铁路类专业教学使用。

图书在版编目(CIP)数据

城市轨道交通票务管理/朱俊达,周卫东主编. —北京:人民交通出版社股份有限公司,2022.8
ISBN 978-7-114-18140-5

Ⅰ.①城… Ⅱ.①朱… ②周… Ⅲ.①城市铁路—旅客运输—售票—管理—教材 Ⅳ.①U293.2

中国版本图书馆 CIP 数据核字(2022)第 142579 号

书　　　名：	城市轨道交通票务管理
著 作 者：	朱俊达　周卫东
责任编辑：	李　良
责任校对：	赵媛媛　龙　雪
责任印制：	刘高彤
出版发行：	人民交通出版社股份有限公司
地　　　址：	(100011)北京市朝阳区安定门外外馆斜街 3 号
网　　　址：	http://www.ccpcl.com.cn
销售电话：	(010)59757973
总 经 销：	人民交通出版社股份有限公司发行部
经　　　销：	各地新华书店
印　　　刷：	北京市密东印刷有限公司
开　　　本：	787×1092　1/16
印　　　张：	8
字　　　数：	146 千
版　　　次：	2022 年 8 月　第 1 版
印　　　次：	2022 年 8 月　第 1 次印刷
书　　　号：	ISBN 978-7-114-18140-5
定　　　价：	23.00 元

(有印刷、装订质量问题的图书由本公司负责调换)

前言
PREFACE

随着我国城市化进程的加快,城市交通拥堵问题日益严重,大力发展城市轨道交通已经成为解决城市交通问题的重要手段之一。交通强国战略为轨道交通朝着网络化、智能化方向发展指明了方向,城市轨道交通行业需要大量既懂理论知识又能熟练实操的城市轨道交通类专业高素质复合型技术技能人才,来充实到运营一线上去。票务作业作为城市轨道交通运营管理专业的关键业务之一,票务员对其掌握程度和办理能力直接关系车站日常的管理水平与服务质量。如何高质量、规模化地培养出理论知识扎实、实际应用水平高的票务员成为一个重要课题,而编写科学、实用的教材是培养高素质城市轨道交通人才的前提和保证。

本书依据轨道交通运营管理专业岗位需求、学生的认知规律,融合教师的教学积累,结合票务工作对职业技能的要求,构建了相应的理论知识体系与实践任务模块。经过与轨道交通运营公司专家深入、细致、系统的交流与分析,本书最终确定为八个模块,比较全面地介绍了城市轨道交通票务作业的主要内容,包括自动售检票系统终端设备的结构组成、主要技术性能、作用和操作流程以及日常维护和故障处理流程,城市轨道交通票务系统的业务管理组成部分,城市轨道交通车站工作站及辅助设备操作,城市轨道交通特殊情况下票务应急处理等。

为了使学生掌握运营管理专业岗位相关票务工作任务和技能,培养学生实际动手能力,从而使学生能够适应相关岗位的票务工作要求,本书的编写遵循了以下原则:

(1)以工作任务为中心来组织内容,依据来自企业现场的实际调查与分析而编写。

(2)注重实用性、操作性、实践性,紧密结合城市轨道交通车站各岗位的实际工作内容。

(3)围绕满足岗位需要的基本实践技能来优化教学内容,设置实用性强的实训任务贯穿教材始终,着力提高学生的学习兴趣和积极性。

(4)以培养学生职业素养为主线,提高学生分析问题和解决问题的能力。

本书可作为职业院校城市轨道交通运输与管理专业的教学用书,也可作为从事城市轨道交通运输与管理专业相关岗位人员的参考资料和培训用书。

本书由朱俊达、周卫东担任主编,庞建昭、吕小帅、孙伟峰担任副主编,由郝风伦担任主审,陈霞、王舒婷、王伟参与编写。其中,朱俊达编写了模块一,周卫东编写了模块二,庞建昭编写了模块三,孙伟峰编写了模块四,吕小帅编写了模块五,陈霞编写了模块六,王舒婷编写了模块七,朱俊达、王伟编写了模块八。

在本书编写过程中,编者参考了有关文献,并引用了其中一些资料,在此一并向这些文献的作者表示衷心的感谢。

由于编者水平有限,书中难免存在不足之处,恳请广大读者批评指正,以便不断改进。

编 者
2022 年 6 月

目录 CONTENTS

模块一　城市轨道交通售检票系统 ... 1
 任务一　城市轨道交通票务系统发展 ... 1
 任务二　城市轨道交通票务系统的业务管理 ... 6
 模块训练 ... 8
 模块小结 ... 9
 模块自测 ... 9

模块二　票卡媒介 ... 10
 任务一　票制票价 ... 10
 任务二　票卡类型 ... 17
 任务三　票卡发行以及使用 ... 27
 模块训练 ... 29
 模块小结 ... 29
 模块自测 ... 29

模块三　自动售检票系统 ... 31
 任务一　自动售检票系统现状 ... 31
 任务二　自动售检票系统基本构架 ... 32
 任务三　自动售检票系统设备配置与布局 ... 36
 模块训练 ... 40
 模块小结 ... 40
 模块自测 ... 40

模块四　自动售票机 ... 42
 任务一　自动售票机功能 ... 42
 任务二　自动售票机结构 ... 43
 任务三　自动售票机作业 ... 47
 任务四　自动售票机钱箱更换及钱箱内现金清点作业 ... 55
 模块训练 ... 58
 模块小结 ... 67

  模块自测 ··· 67

模块五　半自动售票机 ·· 69
  任务一　半自动售票机结构 ·· 69
  任务二　半自动售票机作业 ·· 74
  模块训练 ··· 85
  模块小结 ··· 86
  模块自测 ··· 86

模块六　自动检票机 ··· 87
  任务一　自动检票机功能 ··· 87
  任务二　自动检票机结构 ··· 89
  任务三　自动检票机作业 ··· 93
  模块训练 ··· 98
  模块小结 ··· 99
  模块自测 ··· 99

模块七　手持检票机 ··· 100
  任务一　手持检票机功能和原理 ······································ 100
  任务二　手持检票机结构与操作 ······································ 101
  模块训练 ··· 103
  模块小结 ··· 104
  模块自测 ··· 104

模块八　车站计算机 ··· 105
  任务一　车站计算机管理系统 ··· 105
  任务二　车站计算机操作与维护 ······································ 108
  模块训练 ··· 118
  模块小结 ··· 119
  模块自测 ··· 119

参考文献 ··· 120

模块一　城市轨道交通售检票系统

案例导学

某高职学校入学新生小美就读于城市轨道交通运营管理专业,刚入学的她对一切都充满了新鲜感与好奇。以前虽然常常乘坐地铁,但她却从未对地铁有过思考与研究,就读的这个专业——城市轨道交通运营管理专业在地铁运营中起着怎样的作用,票务系统是如何运作,使得来来往往的乘客能够在小小的一个地铁站有条不紊地来来往往,以后要做的工作是怎样的,这些她都想探究。

学习目标

(1) 了解城市轨道交通票务系统发展现状;
(2) 了解城市轨道交通票务系统的业务管理。

任务一　城市轨道交通票务系统发展

随着我国改革开放的不断深入,城市化进程加快,城市人口暴增,特别是北京、上海、广州、深圳等特大城市,人口都已经超过千万,甚至达到2000多万。城市人口的急剧增长,给社会可持续发展,特别是城市交通带来了极大挑战。当前,北京交通问题已成为阻碍经济、文化发展的"拦路虎"。为解决北京的交通难题,北京提出建设"公交城市"和打造"人文交通、科技交通、绿色交通"的和谐城市。在这一背景下,城市轨道交通在北京,乃至全国大中城市,都面临前所未有的发展机遇。

目前已经建成运营地铁的城市除了北京外,还有天津、上海、广州、深圳、南京、沈阳、成都、佛山、重庆、西安、苏州、杭州、昆明、武汉、大连、长春、宁波等,其他更多的城市也已规划建设了轨道交通。未来,城市轨道交通将成为大中城市不可缺少的配套基础设施。

与传统的交通工具不同,城市轨道交通自动化程度高,也是最有效率的城市交通工具。城市轨道交通的最大特点就是客运量大。在庞大的客运量情况下,使用传统的纸质车票和检票方式已经远远不能满足要求。因此,法国在1973年就开始启用自动检票系统,如图1-1所示。

图1-1 巴黎地铁自动检票口

目前,城市轨道交通票务系统已发展成为自动化程度高、功能完备的自动售检票系统(Automatic Fare Collection System,简称AFC系统)。从城市轨道交通建设费用组成来看,AFC系统只占整个工程中很小一个部分;但从功能角色来看,AFC系统却是保证城市轨道交通正常运营的支撑系统之一。

一、国外城市轨道交通票务系统发展

世界上城市轨道交通票务系统主要有印制纸票人工售检票系统、印制纸票半自动售检票系统、一次性磁票自动售检票系统、重复使用磁票售检票系统、接触式智能卡自动售检票系统、非接触式智能卡自动售检票系统等。本任务将以几个典型城市为例介绍城市轨道交通票务系统的发展。

(一)莫斯科

1996年,莫斯科地铁全面安装自动售检票系统。1997年,第一代磁卡车票应用于自动售检票系统。莫斯科地铁采用单一票价,车票类型包括单次车票、月票、季票、年票及学生票。

莫斯科地铁线路布局与地面道路的布局一致,为辐射及环行线路,线路密集、分布均匀,最大限度地覆盖了整个城市区域。莫斯科地铁总共有12条线,包括 11 条辐射线和 1 条环行线,全长约 277.9km,有 171 个站台,4000 列地铁列车在地铁线路上运行。莫斯科地铁每天平均开 8500 多次列车,担负全市客运量的 45%。

莫斯科地铁计划采用计程票价代替"单一票价"运价表,并采用储值票。整个地铁自动售检票系统单元包括验票软件、车站管理和通信服务器、车票信息终端软件、中央交易处理和报表软件、自动售票机软件(仅为离线),其中,自动售检票系统的中央控制系统和报表系统每天可以处理 600 万人次客流量的售检票和乘客旅程统计分析,图 1-2 为莫斯科地铁自动检票机。

图 1-2 莫斯科地铁自动检票机

(二) 东京

东京地铁是由都营地铁公司和东京地铁公司两个单位共同营运,截至 2020 年 7 月,共有 13 条路线、285 个车站,路线总长(不含与私营铁路直通运转的路段)304.1km,每日平均运量将近 1100 万人次左右,发达程度居世界前五名。

东京地铁的自动售检票系统采用的票卡种类票制较多,包括单程票、一日票、月票、多次票和储值票等。单程票的有效期为 1 天,多次票和月票享有优惠,所有票卡都可灵活使用和换乘。系统收益清分统一简洁,东京轨道交通行业的 20 家地铁和私铁公司等组成一个 PASSNET 联盟,制订各公司之间的票务清分原则。它们遵循统一的原则,每月结算一次,数据以磁带形式提交给第三方公司统一进行清分处理,各公司根据清分结果自行通过银行划账结算。东京地铁换乘处理灵活,乘客在车站可以购买单程票或换乘联票、月票和储值票等,进出站自动检票机以常开式双向自动检票机为主。多种换乘方式并存,有不出站换乘,也有出站换乘,还有通过专门通道进行换乘的方式。进出站采用双向自动检票机

(图1-3),多名乘客可以一次将多张车票投入自动检票机进行检票,最多可同时识别9张车票。自动售票机可自助进行退票操作,不收手续费;车站设有较宽敞的残疾人和大件行李通道,自动售票机上设置有盲文引导系统。

图1-3 东京地铁自动检票机

二、国内城市轨道交通票务系统的发展现状

(一)北京

北京城市轨道交通早在1985年就开始进行自动售检票系统的可行性研究,但应用较晚,在2003年底,北京第一套单线自动售检票系统在地铁13号线投入使用,这是一套基于磁票的AFC系统,集成商为日本信号公司,系统单程票为一次性纸质磁票。为了响应北京市政府关于推行"市政交通一卡通"的理念,该系统也增加了对一卡通储值卡的支持功能。

2008年6月,北京城市轨道交通路网AFC系统投入使用,实现了真正意义上的"一卡通、一票通行"和无障碍换乘。系统单程票为可以回收使用的Ultralight薄型IC卡,支持一卡通储值票的使用。

(二)上海

1999年3月,上海地铁1号线采用美国CUBIC公司磁卡自动售检票系统,采用循环使用的卡形塑质磁票。2000年,在上海地铁1号线自动售检票系统技术的基础上,叠加了由上海生产的以上海公共交通卡作为储值票的系统,形式同磁卡和非接触城市公共交通卡,同时实现了地铁运营商与公共交通卡公司的数据交易与账务结算。2001年,上海地铁2号线投入运营,同步将1号线自动售检票系统扩展应用到2号线。上海地铁3号线于2001年10月启用西班牙INDRA公司的自动售检票系统,其使用一次性卡形纸质磁票。2002年,上海地铁1号线北延伸段11个站开通,采用了上海产的自动售检票系统,车票采用与原地铁1号线兼容的塑质磁卡票,采用中央系统间互联交换数据。2005年12月,上海新标准的自动售检票网络化系统建立,完成了对原来的地铁1、2、3号线系统改造,建立了4、5号线自动售检票系统,设立路网清分中心,负责进行票卡发行、数据汇集处理。

(三) 广州

广州地铁的AFC系统从1998年6月开始投入正式运营,是一个封闭式计程计时的自动售检票系统。截至2007年,已完成了磁卡系统向非接触式IC系统的改造,实现了单线系统向线网系统的转换。随着广州市轨道交通路网的规划和建设,广州地铁AFC系统也在逐步建立多层次、单元化的系统架构,以适应将来地铁线路增加、多线成网后乘客自由换乘、公司统一管理和各线路精确清分的要求。现系统主要使用非接触式IC卡车票实现换乘。广州地铁车票分为单程票、储值票(含普通储值票、中小学生储值票和老年人储值票)、老年人免费票、纪念票、羊城通交通卡(即羊城通,如图1-4所示)。其地铁的自动售检票系统主要由非接触式IC卡车票、售票机、自动检票机、车站系统和中央系统等组成,系统能兼容"羊城通"票卡,与广州市其他公交系统能实现"一卡通"结算。自动检票机采用剪式自动检票机,提高了乘客通行能力。安装在非付费区的验票机,可方便乘客查询车票和"羊城通"储值票的余额、有效使用时间等车票信息。

图1-4 广州地铁羊城通

(四)香港

香港地铁自1979年开通就采用了AFC系统,是一个既快捷又安全可靠的运输网络,覆盖香港中心地带,连接中国大陆。整个系统全长214.6km,由观塘线、荃湾线、港岛线、东涌线、将军澳线、东铁线、西铁线、马鞍山线、迪士尼线、机场快线及轻铁各线共150个车站组成,日平均载客量平均340万人次,其以安全、可靠程度高、卓越顾客服务及成本低效率高著称。

与售检票系统相关的工作还包括收益管理、自动售检票系统、电子工厂和自动售检票系统训练中心四大部分。其中,收益管理是核心,自动售检票系统是基石,各部分相互依赖、相互协作、相互配合,以自动售检票系统为主线将四大部分有机地结合在一起,形成高效、稳定、可靠运作的系统。香港地铁自动售检票系统使用的单程票是磁卡,储值票采用非接触式IC卡,即"八达通"卡。乘坐地铁时,使用"八达通"卡的比例超过85%。

香港地铁自动售票机如图1-5所示。

图1-5 香港地铁自动售票机

任务二 城市轨道交通票务系统的业务管理

城市轨道交通票务系统的业务管理是借助自动售检票系统来实现的,主要内容有:票卡管理、规则管理、信息管理、账务管理、模式管理和运营监督等部分。

(一)票卡管理

票卡管理是指对票卡采购、循环使用及回收、报废过程进行的管理。一个完整的票务管理过程应当包括票卡采购、票卡初始化、票卡发放、票卡销售、检票、票卡回收、结算、票卡报废及整个的运营分析等过程。

(二) 规则管理

票务系统涉及多部门、多环节,要确保这些部门与环节能有效协作、高效联运,必须依靠一套科学、严密的规则和流程。规则管理就是为确保系统规范运作而制订出一系列规则和流程并加以实施,包括票价策略、收益分配、结算规则、权限管理和操作流程等。

(三) 信息管理

1. 自动售检票系统信息管理的概念

信息管理就是对自动售检票系统中相关信息(乘客进出站、乘车费用、流向、流量等)进行信息收集、信息传输、信息统计分析和信息发布等。

2. 自动售检票系统信息管理的作用

城市轨道交通自动售检票系统进行信息统计分析是将系统收集到的信息进行汇总、加工、处理,以提供满足日常管理需要的数据、报表、资料,并从不同角度进行分析,为运营管理提供数据支撑。

3. 各类信息报表的内容

(1) 结算类报表。

在结算过程中所产生的报表,其完整体现了结算过程中所有资金及信息内容。主要内容包括车站售卡、储值收费统计表、车站车费收入统计表、银行账户余额表、车站结算统计报表、银行划账单、收益方收益表、票卡存量表等。

(2) 管理分析类报表。

为满足清分中心日常管理以及对路网运营情况进行分析而设置的报表。主要内容包括车站票卡对账表、线路票卡存量表、公务卡使用统计报表、路径费率表、分时流量表、流量统计表、换乘客流统计表、OD表、路网收费方式统计表等。

(3) 故障辅助解决类报表。

在出现对账方面的问题时,为有效解决问题而提供辅助信息。

(四) 账务管理

城市轨道交通自动售检票系统中涉及票卡发售、票款汇缴、收入清分和资金划拨等一系列财务处理过程。账务管理就是对系统内的分配、入账等过程进行的管理。

(五)模式管理

模式是指在不同状况、条件下,为达到某些特定的效果所采取的方式方法。模式管理是针对不同的运营状况、条件所作出的相应操作行为的选择和实施,包括正常运营模式、降级运营模式及相配套的运营管理。

(六)运营监督

系统运营涉及通信、信号、列车、运营组织及乘客、线路、车站等。城市轨道交通自动售检票系统运营监督是通过本系统的设备及所具有的完整、严密、及时的信息流,对运营状况进行实时跟踪监督,以提高运营质量和服务水平。

运营监督内容包括信息传输状况监督、客流状况监督、车票调配监督、收款监督和收益监督等。

(七)票务系统

城市轨道交通票务系统是轨道运营方为乘客提供快捷、优惠的出行,有效进行票务收入管理、合理配置运营系统资源而建立的一套满足城市轨道交通票务管理需求的系统。

城市轨道交通票务系统是城市轨道交通票务收入和结算的基础,只有通过安全可靠和完备的自动售检票系统才能有效地实施票务的结算和清分,合理的票务机制能有效提高客流和运营效益。

(八)自动检票系统

自动售检票系统是国际大城市轨道交通运行中普遍应用的现代化联网收费系统,随着自动售检票系统的启用,乘客可以通过各入口处的自动售票机购买电子票。上海、北京、广州、天津、深圳、南京等大城市的轨道交通站点都广泛使用了 AFC 系统作为重要客运管理应用,更多的应用场合包括电影院、体育馆、歌剧院、火车站、机场等。

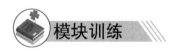
模块训练

训练目的:使学生了解城市轨道交通票务系统的发展现状以及票务系统的

业务管理内容。

训练方法：多查阅相关课外资料。

本模块重点介绍了城市轨道交通票务系统，包括国内外城市轨道交通票务系统的发展现状、城市轨道交通票务系统业务管理的内容。其中，票务系统业务管理包括票卡管理、规则管理、信息管理、账务管理、模式管理和运营监督等内容。

一、填空题

1. 世界上城市轨道交通票务系统主要有_____、_____、_____、_____、_____等自动售检票系统。

2. 票务系统的业务管理主要内容有_____、_____、_____、_____、_____和_____等。

3. 信息管理就是对自动售检票系统中相关信息(乘客进出站、乘车费用、流向、流量等)进行收集、传统与处理，包括_____、_____、_____和_____等。

4. 运营监督内容包括_____、_____、_____、_____等。

二、简答题

1. 简述城市轨道交通运营模式有哪些，并举例说明。
2. 我国城市轨道交通的补贴形式有哪几种？
3. 城市轨道交通票务管理系统与自动售检票系统有什么关系？
4. 请根据您所在城市的城市轨道交通现状，完成一份票务系统调研报告。该报告应包含以下内容：

(1)您所在城市的城市轨道交通车站有哪些设备与票务系统。

(2)介绍您所在城市的城市轨道交通使用的车票。

(3)介绍您所在城市的城市轨道交通的票价。

模块二 票卡媒介

小美看着自己手中的"一卡通",思考到:地铁车票都有哪些分类呢,有没有我还没见过的车票类型呢?地铁的车票价格是根据什么来制订的,是按乘客随车行驶的公里数呢,还是乘客随车行驶经过的站数呢?

票卡就是乘客使用的车票,用于记载乘客的出行和费用信息,是乘坐城市轨道交通的有效票据或凭证。票卡记载了乘客从购票开始,完成一次完整旅行所需要和产生的费用、时间、乘车区间等信息。由于票卡上记载了有关乘车信息,因而也将其称为票卡媒介。不同票卡媒介记载信息的方式和数量是不同的,根据信息记载方式的不同,识别方式也不同。因此,不同的票卡媒介将对应不同的识别系统。

(1)理解售检票方式及票卡的识别方式,掌握票卡的分类;
(2)掌握纸票、磁卡、智能卡的构成、分类及特点;
(3)掌握 AFC 系统中各类型票卡的定义及适用范围;
(4)了解我国主要城市一卡通的应用情况及一卡通使用的一般要求。

任务一 票制票价

一、车票

车票是乘车票据的总称,是乘客和交通运输部门发生运输关系的依据,也是乘客支付票价和乘车的凭证。

车票作为乘客付款、乘车的一种有效凭证,其所载信息应完整、准确,能满足所采用票制及票务服务方式的需要;其设计制作应经济实用,并具有一定的防伪技术。

二、票制

(一) 票制的分类

城市轨道交通是一项高投入、高效益的服务型产品,其高效益主要体现在对社会经济的间接推动和对社会公关服务的维持上,但又可以采取适当的票价政策获得部分收益。由于不同国家与地区所采用的扶持政策不同,因此,各地票卡种类也存在很大的差别。

城市轨道交通专用票卡包括单程票、出站票、往返票、福利票、一日票、区段计次票、区段定期票、纪念票(定值纪念票、计次纪念票、定期纪念票)、员工票、车站工作票、储值票(预留)等。

1. 基本票制

基本票制是城市轨道交通运营企业在确定票价时应用的主要票制,它包括单一票制和计程票制。

(1)单一票制:是不论乘客乘行里程远近,票价均相同的计价方式。

单一票制按其使用范围,可分为一条线路上的单一票制和多条线路上的单一票制两种。一条线路上的单一票制是指只能在某一条城市轨道交通线路上,不论乘行里程远近,票价均相同的计价方式,换乘另一线路时需另购车票;多条线路上的单一票制是指在两条或两条以上的城市轨道交通线路,以至整个城市轨道交通路网上,不论乘行里程多少,票价均相同的计价方式,换乘时不需另购车票。

单一票制由于票价一致,售检票工作相对简单,便于票务管理和客运组织;对于乘客而言,购票计算简便,只需进出站检票,免去了持票乘车、超乘补票等不便,减少了乘客在票务环节上所占用的时间。

单一票制车票设计制作简单,成本较低,可适用载体范围较广,人工、半自动、自动售检票系统都能应用;票务服务系统技术相对简单,投资较低。但对运营管理而言,统计客流信息的方式原始、落后,需占用大量人力组织客流调查,为运营管理提供的数据信息时效性、准确性、全面性较差。

单一票制通常以平均乘距为依据确定票价,在运营线路较长的情况下,该线路对长途客流吸引较大,对短途客流吸引较小。在城市轨道交通运营企业提供的以位移为核心的运输产品作为衡量标准的前提下,单一票制对出行距离不同的乘客收费不尽合理。

(2)计程票制:是按乘客乘行路程的远近,划分不同票价等级的计价方式。

计程票制由于按乘车距离的远近确定不同的票价,提高了票价的合理性,对短、中、长途乘客都具有吸引力,合理调配了不同乘距乘客的运输比例,可最大限度地发挥城市轨道交通的运输作用,为实行灵活的价格策略奠定了基础,从而可提高企业的经营效益。

计程票制按乘车距离收费,进出站均需检验车票,人工作业难度较大,通常配置自动售检票系统解决这一问题。自动售检票系统可提高城市轨道交通票务服务和票务管理的自动化水平,实时提供进站量、出站量、断面流量等运营组织所需客流信息,为城市轨道交通系统科学调配运力,提高运营经济合理性创造了必要的条件。

计程票制按其计程方法可分为里程票制和区段票制等,其区别见表2-1。

计程票制比较表　　　　　　　　　　　　　　表2-1

票制	里程计程票制	区段计程票制
定义	是以1km作为基本计价单位,累计加价的计程票制	是以规定里程作为基本计价单位,累计加价的计程票制,是城市轨道交通广泛采用的一种计程票制
优点	收费标准精确合理	收费等级少,计费易于取整,操作简单易行,方便乘客
缺点	收费等级多,计费难以取整,增加系统的复杂性	计费不够精确

2. 辅助票制

在确定使用基本票制后,常常采用辅助票制加以完善,辅助票制可分为限时票制、限次票制等。

(1)限时票制:在计程票制基础上,限定乘客在轨道交通系统内的乘行及滞留时间,当超过规定的车票有效使用时段后,加收一定票款的计价方式。该票制的实行需配置具有计时功能的票务服务系统。进站检票计时,出站验票验时,超时补票。限时票制通过超时补票,引导乘客不在城市轨道交通内长时间滞留,为缓解站内、车内拥挤和改善乘车秩序创造了条件。

(2)限次票制:限定乘客乘行轨道交通工具次数的一种票制,通常结合乘行区段及时间的限定一起使用。

(二)票制选择

在选择票制时,应考虑本系统应用的售检票方式及近、远期运营需求,在方便乘客前提下,优化现有票制,最好具备计程、计次、分区段、分时计价等基本功能。运营初期,乘客对新的收费系统需要一个熟悉和适应的过程,票制设置应尽量简单;考虑运营发展,系统还应预留一定量的票制,确保今后可根据需要灵活调整。

票制选择原则有如下方面。

(1)方便乘客,简单实用;

(2)满足各类乘客的乘车需求;

(3)考虑票务管理及客运组织的可行性;

(4)满足设备维修、测试等功能需求;

(5)考虑社会效益、企业经济效益的充分发挥。

轨道交通运营企业在确定其票制时,通常要综合考虑乘客运距,乘客占用付费区(一般以检票口为界,检票口内即为付费区)时间,乘坐时间段(如节假日与工作日,高峰与平峰等)等因素,考虑计程、计次、分区段、分时计价等基本功能来确定票制。

(三)主要票制介绍

AFC 系统票卡票制定义见表 2-2。

AFC 系统票卡票制定义表(√表示可行,×表示不可行)　　表 2-2

序号	票制	定义	规格	挂失	出站回收	限当日使用	再次充值(次)	备注
1	单程票	当日一次乘车使用,限在购票车站进站,按乘车里程计费	Mifare® UltraLight	×	√	√	×	
2	出站票	由半自动售/补票设备发售,仅限发售出站票的车站当日出站时使用	Mifare® UltraLight	×	√	√	×	

续上表

序号	票制	定义	规格	挂失	出站回收	限当日使用	再次充值（次）	备注
3	往返票	当日限定两车站间一次往返乘车时使用，按乘车往返里程计费，超程时需补出站票出站	Mifare® UltraLight	×	√	√	×	往程出站时不回收，返程出站时回收
4	一日票	在购票当日内不限次使用，车票使用时需检查进出站次序	Mifare® UltraLight	×	×	√	×	
5	福利票	适用持可免票证件的乘客在半自动售/补票设备换取的车票，使用方式同单程票	Mifare® UltraLight	×	√	√	×	
6	区段票 区段计次票	在有效期内在规定区段内计次使用。超过规定区段，需补票	Mifare® 1	×	×	×	√	再次充值后，有效期延长
6	区段票 区段定期票	在规定区段内定期使用。超过规定区段，需补票	Mifare® 1	×	×	×	√	再次充值后，有效期延长
7	纪念票 定值纪念票	在有效期内使用，每次乘车按里程计费	Mifare® UltraLight	×	×	×	×	

续上表

序号	票制		定义	规格	挂失	出站回收	限当日使用	再次充值（次）	备注
7	纪念票	计次纪念票	在有效期内计次数使用,每次乘车不计里程	Mifare® 1	×	×	×	×	
		定期纪念票	在有效期内不限次使用,每次乘车不计里程	Mifare® 1	×	×	×	×	
8	员工票		内部员工记名使用的计次票	Mifare® 1	√	×	×	√	
9	车站工作票		由车站工作人员持有,仅限指定车站使用,不检查进出站次序	Mifare® 1	√	×	×	×	

1. 单程票

单程票是通过自动售票机或半自动售票机发售的一次性车票,出站时由自动检票机回收。

（1）普通单程票:适用于对乘地铁出行依赖性不强的乘客,限本站当日使用。

（2）出站票:适用于持无效票或无票乘客出站时使用的专用车票。通过半自动补票机发售,仅限发售出站票的车站当日出站时使用,并在出站时由自动检票机回收。

2. 储值票

储值票是供乘客在地铁运营区段内多次使用的车票,出站时不回收,适用于对地铁出行依赖性很强的乘客,可反复充值使用。

储值票因需要长期使用,对耐用性要求较高,通常选用IC卡。鉴于储值票对运营组织十分有利,应鼓励乘客购买。为此对购买储值票的乘客应给予一定优惠,由于IC卡成本较高,在乘客购买时,应收取成本押金。

储值票可分为以下几种。

(1) 不记名储值票:购买储值票的乘客在票卡中存入足够的金额,按乘坐次数及里程扣除相应的金额。

(2) 记名储值票:记名储值票与不记名储值票的区别在于记名储值票丢失后可挂失。

(3) 学生储值票:适用于学生乘客,给予一定的优惠以满足学生乘车的需求。

(4) 老人储值票:根据国家规定,给予老年人一定的乘车优惠,以满足其乘车的需求。

(5) 区段计次票:在规定区段内计次定期使用,超过规定区段,需补交超程部分的票款;次数为零时及超过有效期时,需再次充值使用。

(6) 区段定期票:在规定区段内定期使用,超过规定区段,需补交超程部分的票款;超过有效期时,需再次充值使用。

3. 纪念票

纪念票是在规定范围内使用的计程、计次、定期的具有收藏价值的车票。

4. 一日票

一日票适用于乘客一日内在全线任意使用,限发售当日有效。其特点是方便旅游、购物的乘客出行;给予优惠,一般不考虑回收。

5. 测试票

测试票是开通前对系统设备进行调试、试验时使用,开通后对设备进行维修、诊断时使用的特殊车票。此种车票可以检测、试验 AFC 系统所使用的所有种类的车票,是一种特殊的集合票卡,不统计客流量。

6. 福利票

福利票是为持革命伤残军人证、盲人证、离休证、侦察证的乘客乘坐地铁而设置的一种免费票,采用单程票形式,在售票处凭相应证件(相应证件采用电子识别标志)经识别记录后由半自动售票机出票。

7. 行李票

行李票是依据现行的政策及标准而设立的一种特殊票制;不在 AFC 设备中流通、使用,采用人工发售方式;一般为纸质介质,单一票价,进站检验。

8. 团体票

团体票适用于旅游团体一次购买大量单程票时使用,其特点是减少团体乘客排队购票时间,有利于客运组织。

任务二 票卡类型

目前常见的票卡媒介有三种:纸票、磁卡车票、智能卡车票。

一、纸票

纸票是事先在车票上印刷相关的车票信息,由人工方式或自动方式售票,通过视读或扫描仪确认票面信息。

普通纸票将车票的相关信息印制在票面(纸质)上,由票务人员视读确认。票面上的基本信息包括:车票编号、出票站名、乘车日期、乘车车次、乘车区间、票款金额、时间限制以及换乘等信息,既对购票人有明示作用,同时也便于票务人员检查核对(图2-1)。

图2-1 普通纸票

普通纸票的信息是只读信息,因此不能作为储值票,只能作为单程票或特殊用途的车票。

印制纸票适用于人工售检票的票务运作模式中,每张纸票相当于一张定额发票,只能提供给乘客乘坐一次地铁的服务承诺,而且其寿命也只有一次。普通纸票一般由存根、主券、进站副券和出站副券四部分构成。乘客在购票过程中,票务人员从车票存根处撕下将其余部分交给乘客。存根是地铁车站内部进行收益稽核时使用的;进/出站副券分别是乘客在进、出站检票时提供给检票人员检查时使用的;主券是最后留给乘客,供乘客收藏或作为报销凭证使用的。

二、磁卡车票

(一)磁卡的构成

磁卡是一种磁记录介质卡片。它由高强度、耐高温的塑料或纸质涂覆塑料制成,能防潮、耐磨,且有一定的柔韧性,携带方便,使用较为稳定可靠。通常,磁卡的一面印刷有说明提示性信息,如插卡方向;另一面则有磁层或磁条,具有2个或3个磁道,以记录有关信息数。为了简化设备结构,大部分系统的磁卡上还会有定位孔槽等标识。

磁条可以用来记载字母、字符及数字信息,通过黏合或热合,与塑料或纸牢固地整合在一起形成磁卡。磁条中所包含的信息一般比长条码大。

如图2-2所示,常见的磁条上有3个磁道,称为Track1、Track2、Track3。磁道1(Track1)与磁道2(Track2)是只读磁道,在使用时磁道上记录的信息只能读出而不允许写入或修改。磁3(Track3)为读写磁道,在使用时可以读出,也可以写入。

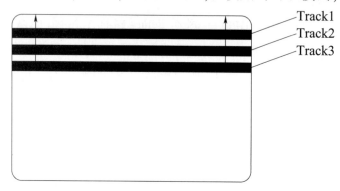

图2-2 磁卡车票结构示意图

磁道1可记录数字(0~9)、字母(A~Z)和其他一些符号(如括号、分隔符等),最大可记录79个数字或字母。磁道2和3所记录的字符只能是数字(0~9)。磁道2最大可记录40个字符,磁道3最大可记录107个字符。

(二) 磁卡的设计

磁卡车票的设计首先要满足系统的技术要求,其次票卡的大小要尽可能地标准化,然后根据需要设计各种图案、文字和号码,根据使用环境确定信息储存的磁道。ISO 7810:1985识别卡规定了卡的物理特性,包括卡的材料、构造、尺寸(表2-3)。

磁 卡 尺 寸　　　　　　　　表2-3

长度	85.47~85.72mm
宽度	53.92~54.03mm
厚度	0.76mm±0.08mm
圆角半径	3.18mm
卡的尺寸一般为:85.5mm×54mm×0.76mm	

磁卡上的磁涂层(磁条)是一层薄薄的由排列定向的铁性氧化粒子组成的材料,用树脂黏合剂严密地黏合在一起,并黏合在诸如纸或塑料这样的非磁基片媒介上,因此形成了纸质磁性票卡或塑制磁性票卡(图2-3)。

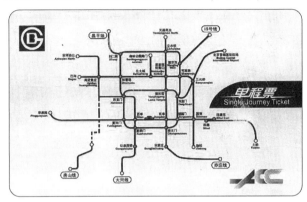

图 2-3　北京地铁单程票(2012 年版)(塑制磁性票卡)

三、智能卡车票

智能卡是 IC 卡(集成电路卡)的一种,是将一个专用的集成电路芯片镶嵌于符合 ISO/ICE 7816 标准的塑料基片中,封装成外形与磁卡类似的卡片形式,即制成一张 IC 卡。当然,智能卡也可以封装成纽扣、钥匙、饰物等特殊形状。由于智能卡添加了射频技术,所以它不需要与读写器的任何物理接触就能进行数据交换。

智能卡配备有微电脑(CPU)和存储器(RAM),可自行处理数量较多的数据而不会干扰主机 CPU 的工作,适应于端口数目较多且通信速度需求较快的场合。这种既具有智能性又便于携带的卡片,为现代信息处理和传递提供了一种全新手段,作为一种新型工具,已被广泛应用于众多领域。

(一) 智能卡的分类

智能卡根据镶嵌芯片的不同,可分为:存储器卡、逻辑加密卡、CPU 卡和超级智能卡;根据卡与外界数据交换界面的不同,可分为:接触式 IC 卡、非接触式 IC 卡、双界面卡;根据卡与外界进行交换时的数据传输方式的不同,可分为:串行 IC 卡、并行 IC 卡等。

1. 按集成电路芯片划分

(1)存储器卡。

存储器卡的卡内芯片为带电可擦除可编程只读存储器(Electrically Erasable

Programmable Read-only Memory,EEPROM),以及地址译码电路和指令译码电路。它仅具有数据存储功能,没有数据处理能力;存储器卡本身无硬件加密功能,只在文件上加密,很容易被破解。这种卡片存储方便、使用简单、价格便宜,在很多场合可以替代磁卡。由于该类IC卡不具备保密功能,因而一般用于存放不需要保密的信息。

(2)逻辑加密卡。

逻辑加密卡片除了具有存储器卡的EEPROM外,还带有加密逻辑,每次读写卡之前要先经过密码验证。如果连续几次密码验证错误,卡片将会自锁,成为死卡。加密逻辑电路可在一定程度上保护卡和卡中数据的安全,但只是低层次防护,无法防止恶意攻击。该类卡片存储量相对较小,价格相对便宜,适用于有一定保密要求的场合。

(3)CPU卡。

CPU卡的芯片内部包含微处理器单元(CPU)、存储单元和输入/输出接口单元。CPU管理信息的加/解密和传输,严格防范非法访问卡内信息,发现数次非法访问,将锁死相应的信息区。CPU卡的容量有大有小,价格比逻辑加密卡要高。但CPU卡良好的处理能力和保密性能,使其成为IC卡发展的主要方向。CPU卡适用于保密性要求特别高的场合。

(4)超级智能卡。

在CPU卡的基础上增加键盘、液晶显示器、电源,便成为超级智能卡,有的卡上还具有指纹识别装置。

2. 按读写方式划分

(1)接触式IC卡(cro卡)。

接触式IC卡是指将智能卡的绝大部分电气部件进行封装,而将外部连接线路做成触电外露,按一定的规则排列接触电极,在进行读写操作时卡片必须插入读卡器的卡座中,通过触电与读卡设备交换信息。

(2)非接触式IC卡(CPU卡)。

非接触式IC卡通过智能卡的收发天线与读写设备交换信息。非接触式IC卡又称射频卡,由IC芯片、感应天线组成,封装在一个标准的塑制卡片内,芯片及天线无任何外露部分。它成功地将射频识别技术和IC卡技术结合起来,解决了无源(卡中无电源)和免接触这一难题,是电子器件领域的一大突破。卡片在一定距离范围(通常为5~10cm)靠近读写器表面,通过无线电波的传递来完成数据的读写操作。

(3)双界面卡(CPU卡)。

双界面卡是基于单芯片的、集接触式与非接触式接口为一体的智能卡,这两种接口共享同一个微处理器、操作系统和应用数据EEPROM。卡片包括一个微处理器芯片和一个与微处理器相连的天线线圈,由读写器产生的电磁场提供能量,通过射频方式实现能量供应和数据传输。

双界面卡工作原理如图2-4所示。

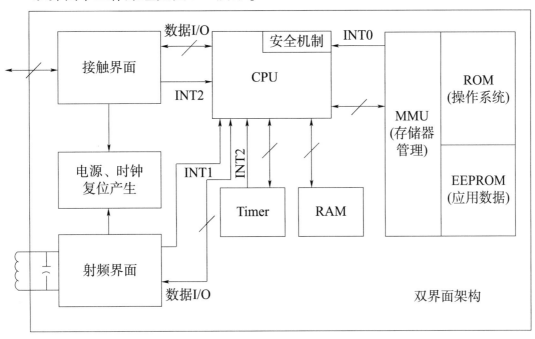

图2-4 双界面卡工作原理图

(二) 接触式和非接触式IC卡

1. 接触式IC卡

(1)接触式IC卡的结构。

接触式IC卡由微处理器、操作系统、加密逻辑、串行EEPROM及相关电路组成。接触式IC卡一般由基片、接触面及集成电路芯片构成。基片现多为PVC材质,也有塑料材质或是纸质。

(2)接触式IC卡与磁卡比较。

接触式IC卡的外形与磁卡相似,它与磁卡的区别在于数据存储的媒体不同。磁卡是通过卡上磁条的磁场变化来存储信息的,而接触式IC卡是通过嵌入卡中的EEPROM集成电路芯片来存储数据信息的。因此,与磁卡相比较,接触式IC

卡具有以下优点：

①存储容量大。磁卡的存储容量大约在 200 个字符；IC 卡的存储容量根据型号不同，小的几百个字符，大的上百万个字符。

②安全保密性好。IC 卡上的信息能够随意读取、修改、擦除，但都需要密码。

③CPU 卡具有数据处理能力。在与读卡器进行数据交换时，可对数据进行加密、解密，以确保交换数据的准确可靠；而磁卡则无此功能。

④卡的抗磁性、抗静电及抗各种射线的能力，抗机械、抗化学破坏的能力比较强，因此接触式 IC 卡的寿命较长，其相关设备的成本也较磁卡低。

在接触式 IC 卡的普及过程中，也存在下列弊端：

①卡在读写器上经常拔插造成的磨损会导致接触不良，从而引起数据传输错误，并且卡与读写器之间的磨损也大大缩短了卡和读写器的使用寿命。

②由于集成电路芯片有一面在卡片表面裸露，容易造成芯片脱落、静电击穿、弯曲、扭曲损坏等问题。

③卡片触点上产生的静电可能会破坏卡中的数据，存在因环境腐蚀及保管不当，造成卡触点损坏使 IC 卡失效。

④接触卡的通信速率较低，再加上插拔卡的动作延误，造成每一笔交易需要较长时间等待，严重影响其在需要快速响应场合的应用。

2. 非接触式 IC 卡

非接触式 IC 卡，又称射频卡，诞生于 20 世纪 90 年代初，由于存在着磁卡和接触式 IC 卡不可比拟的优点，其一经问世，便立即引起广泛的关注，并以惊人的速度得到推广应用。

非接触式 IC 卡由 IC 芯片、感应天线组成，并完全密封在一个标准塑质卡片中，无外露部分。非接触式 IC 卡的读写操作，通常由非接触式 IC 卡与读写器之间通过无线电波来完成。

非接触式 IC 卡的构成如图 2-5、图 2-6 所示。

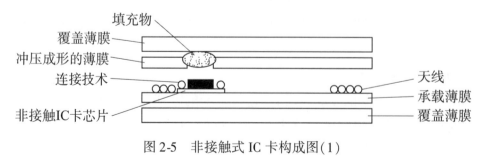

图 2-5　非接触式 IC 卡构成图(1)

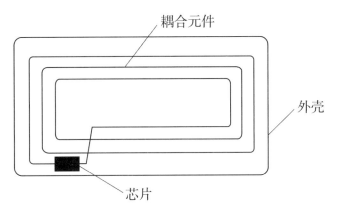

图 2-6 非接触式 IC 卡构成图(2)

(1)非接触式 IC 卡的工作原理。

非接触式 IC 卡本身是无源体,它与读卡器之间通过无线电波来完成读写操作。两者之间的通信频率为 13.56MHz。读写器则一般由单片机、专用智能单元和天线组成,并配有与个人计算机(PC)的通信接口、打印口、I/O 接口等,以便应用于不同的领域。

读写器发射激励信号(一组固定频率的电磁波),数字信息调制在该射频信号上。

IC 卡进入读写器工作区内,被读写器信号激励。在电磁波的激励下,卡内的 LC 串联谐振电路产生共振,从而使电容内有了电荷,当所积累的电荷达到 2V 时,此电容可以作为电源为其他电路提供工作电压,供卡内集成电路工作所需。

同时,卡内的电路对接收到的谐振信号进行解调,还原数字信息,对信息进行分析处理,判断发自读写器的命令,如需在 EEPROM 中写入或修改内容,还需将 2V 电压提升到 15V 左右,以满足写入 EEPROM 的电压要求。

IC 卡对读写器的命令进行处理后,发射应答信息(将应答信息调制到射频信号上)给读写器。

(2)非接触式 IC 卡的技术特点。

非接触式 IC 卡与传统的接触式 IC 卡相比,在继承了接触式 IC 卡优点的同时,如大容量、高安全性等,又克服了接触式 IC 卡所无法避免的缺点,如读写故障率高,由于触点外露而导致的污染、损伤、磨损、静电以及插卡这种不便的读写过程等。非接触式 IC 卡完全密封的形式及无接触的工作方式,使之不受外界不良环境的影响,从而使用寿命完全接近 IC 卡芯片的自然寿命。因此,非接触式 IC 卡本身的使用频率和期限,以及操作的便利性都大大地高于接触式 IC 卡。

当然,将射频识别技术用于非接触式 IC 卡也对它产生了特殊的要求,以满足

"卡"的需要。从技术上看主要有以下几点。

①射频技术:由于IC卡的尺寸限制,卡上的应答器不能有电源系统,需要由寻呼器(读写设备)通过无线电波方式供电,卡内需安装特殊设计的天线,须保证有良好的抗干扰能力,而且还要有"防冲突"电路。

②封装技术:由于IC卡的尺寸限制以及卡上装有应答器天线、芯片及其他特殊部件的需要,为确保卡片的大小、厚度、柔韧性和高温高压工艺中芯片电路的安全性,需特殊的封装技术和制造设备。

③低功耗技术:无论是有源方式还是无源方式设计的非接触式IC卡,最基本的要求是功耗小,以提高卡片寿命和扩大应用场合,因此,卡内一般都采用非常苛刻的低功耗工艺和有关技术,如电路设计采用"休眠模式"进行设计。

④安全技术:除了卡的通信安全技术外,还要与卡用芯片的物理安全技术和卡片制造的安全技术相结合,以构成强大的安全体系。

(三)筹码型IC票卡与卡型IC票卡

非接触式IC卡按需要可封装为方卡型、筹码型或者其他形状。卡型IC卡外形和磁卡比较相似。

筹码型IC卡是在直径为30mm、厚度为2mm的非金属材料圆盘内,嵌装集成电路芯片及天线,通过电感耦合的方式与筹码读写器进行操作的IC卡,简称筹码(TOKEN)。

目前,国内城市的地铁专用单程票,均采用的是非接触式智能车票,其封装形式主要分为筹码型和卡型两种形式。北方城市用卡型比例较高,南方城市使用筹码型比例高。

1. 筹码型车票

筹码型车票设计寿命为擦写30万次。每分钟可通过40~50人。

乘客进站时,将车票放在检票机读写器的有效距离内,若车票有效,检票机阻挡装置会自动开启,乘客即可入站。出站时,乘客在出站检票机上投入车票,车票靠自身重量滑落,其间检票机读写器会自动读取卡内信息,车票有效,则自动开启阻挡装置,允许乘客出站。

(1)优点。

有塑料封装保护,即使票面稍有损坏依旧可以使用;与储值票区别明显,不会被乘客误带走;采用重力驱动(自由落体原理和圆形滚动原理进行传输),设备结构简单,维修成本低。

(2)缺点。

尺寸较小,使用时容易丢失;需结合本地居民的使用特色与使用习惯选用,如冬季需戴手套,则进站出站携带不便,容易丢失。

目前使用筹码型车票的城市有广州、深圳(图2-7)、东莞、南京、武汉、天津、长沙、南宁、厦门、南昌等。

图2-7 深圳地铁筹码型单程票

2.卡型车票

卡型车票设计寿命为擦写1万次,每分钟可通过30~40人。

乘客进站时,将卡型车票放置在检票机读写器的有效距离内,若车票有效,检票机阻挡装置自动开启,乘客即可入站。出站时,乘客在出站检票机上插入车票,通过车票回收装置,由其传输机构送入检票机,传输过程中检票机读写器读取卡内信息,有效时则自动开启阻挡装置,允许乘客出站;单程票则被送入票箱回收。

(1)优点。

车票大小适中,乘客操作舒适。

(2)缺点。

乘客使用时,容易造成卡片弯曲报废;易粘污垢,严重影响车票的传送和读写,清洗工作量较大;采用电动机驱动、皮带传输,结构复杂。以某地铁1号线24个站(每个站以10台售票机、20台检票机的平均数量估算)为例,使用卡型车票要比筹码型车票多花费近千万元的建设成本,且每年要多花200万元用于设备维修。乘客容易将储值票和单程票混淆,一方面影响出站检票及通行速度,另一方面会造成票卡流失。

目前使用卡型车票的城市有北京、上海、西安、香港、成都、宁波、无锡、苏州、杭州(图2-8)、重庆、沈阳、大连、青岛、长春、郑州等。

(四)异形IC卡

标准卡为国际统一尺寸的卡品,它的尺寸是85.5mm×54mm×0.76mm。如今由于个性的需求,印制不受尺寸的限制,导致了在世界各国出现不少形形色色的"怪异"卡,此类卡称为异形卡(图2-9、图2-10)。其中诸如长方形的、正方形的、三角形的、椭圆形等几何形卡,称为"非标准卡";把动物形状、娃娃形状的一些特别形状卡称为"准异形卡"。相对而言,"准异形卡"的制作工艺要比几何体难度更大一些。

图 2-8　杭州地铁方卡型单程票

图 2-9　北京异形卡

图 2-10　成都异形卡

异型卡并不是指某种类型的卡。通俗地说,形状上非规则的都可以称为异型卡。异型卡内可以封装各种各样的芯片,也就是说,其可以具有多种不同功能。

任务三　票卡发行以及使用

乘客在整个城市轨道交通路网内,使用一卡通从一条线路到另一条线路无须二次检票,可自由换乘,乘客在换乘站不需要先出站进入非付费区,后再进站到另一条线的付费区,而是直接在换乘站的付费区换乘到另一条线路。

一卡通是利用先进的计算机、通信、信息处理、IC卡及安全保密等技术手段建立的以售卡、充值、结算为中心业务的服务平台,该系统采用非接触式IC卡作为支付介质,应用于市政、公共交通等领域。一卡通是城市轨道交通自动售检票系统中的车票介质,按照统一规则、统一卡片类型及统一管理模式在城市轨道交通各线路中使用。

随着国家对信息化建设投入力度的不断加大,"数字城市"的概念越来越清晰。特别是在国内的一些大、中城市里,数字化、信息化已逐渐渗透到市民的日常生活当中,并能做到与世界同步,跟全球信息化、数字化接轨。

一卡通系统是信息化城市的一个重要组成部分,真正的一卡通应该是覆盖城市居民生活各个领域的支付和支持身份认证,能够完成公用事业的预收费,以及金融、旅游、医疗等多个领域的快速结算和支付,保证各领域的身份认证和信息存储查询。国内如北京、上海、香港、广州、深圳、南京等地都已广泛应用一卡通系统。

图2-11~图2-15分别为上海一卡通、香港八达通、广州羊城通、深圳通、南京金陵通。

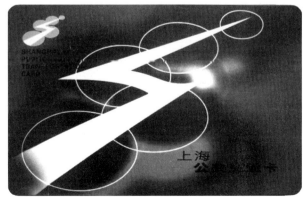

图2-11　上海一卡通

图 2-12　香港八达通

图 2-13　广州羊城通

图 2-14　深圳通

图 2-15　南京金陵通

模块训练

训练目的：使学生了解地铁车票的票制票价以及票卡媒介的分类。
训练方法：多查阅相关课外资料。

模块小结

本单元重点介绍了城市轨道交通票务系统的重要组成部分——票卡，介绍了它的票制票价、票卡媒介分类及一卡通在自动售检票系统中的应用。

车票包括单程票、出站票、往返票、福利票、一日票、区段计次票、区段定期票、纪念票(定值纪念票、计次纪念票、定期纪念票)、员工票、车站工作票、储值票(预留)及其他预留车票等。常见的票卡媒介有纸票、磁卡车票、智能卡车票三种。

模块自测

一、填空题

1. 地铁票制分为_____和_____。

2. 辅助票制可分为_____、_____、_____等。

3. 车票按乘行次数的不同可分为：_____、_____、_____等。

4. 车票按持有人的不同可分为：_____、_____、_____、_____、_____、_____等。

5. 车票按介质的不同可分为：_____、_____、_____等。

6. 车票按计价方式不同可分为：＿＿＿＿＿＿、＿＿＿＿＿＿、＿＿＿＿＿＿、＿＿＿＿＿＿、＿＿＿＿＿＿和＿＿＿＿＿＿等。

7. 目前常见的票卡媒介有＿＿＿＿＿＿、＿＿＿＿＿＿、＿＿＿＿＿＿。

8. 智能卡根据镶嵌芯片的不同，可分为＿＿＿＿＿＿、＿＿＿＿＿＿、＿＿＿＿＿＿和＿＿＿＿＿＿；根据卡与外界数据交换界面的不同，可分为＿＿＿＿＿＿、＿＿＿＿＿＿、＿＿＿＿＿＿；根据卡与外界进行交换时的数据传输方式的不同，可分为＿＿＿＿＿＿、＿＿＿＿＿＿等。

9. 接触式 IC 卡由＿＿＿＿＿＿、＿＿＿＿＿＿、＿＿＿＿＿＿、＿＿＿＿＿＿及＿＿＿＿＿＿组成。

二、简答题

1. 车票有哪些分类方法？
2. 票制选择的原则是什么？
3. 制订票价应考虑哪些因素？
4. 票卡媒介有哪些？
5. 智能卡是怎样分类的？
6. 比较磁卡、接触式 IC 卡和非接触式 IC 卡的特点。
7. 什么是异形 IC 卡？

模块三　自动售检票系统

案例导学

小美在学习过程中,学到了两个名词:"票务系统"和"自动售检票系统"。每每碰到这两个词,总是有点弄不清楚,到底这两个系统之间是什么样的关系。

自动售检票系统(Automatic Fare Collection System,简称 AFC 系统)是城市轨道交通票务管理系统的实现手段之一,能有效提高城市轨道交通票务管理系统的管理水平和效益。目前,我过城市轨道交通运营企业一般都采用 AFC 系统作为票务管理的媒介,通过 AFC 系统高效地实现票务结算和清分。票务系统的业务管理是借助 AFC 系统来实现的。

学习目标

(1)掌握自动售检票系统的构架层次;
(2)理解自动售检票系统各层次的主要功能;
(3)理解自动售检票系统的架构及各层级功能;
(4)掌握自动售检票系统车站终端设备的组成;
(5)掌握自动售检票系统设备配置与布局的考虑因素;
(6)掌握自动售检票系统设备配置的原则;
(7)了解自动售检票系统的应用目的。

任务一　自动售检票系统现状

AFC 系统不仅包括自动售票和自动检票,从严格意义上来说,AFC 系统是以先进的集成技术、信息处理技术、自动控制技术、IC 卡技术及安全保密技术为基础,实现自动购票、自动充值、自动进出站、自动收费、自动清分票款的综合自动化系统。

AFC系统是综合技术性很强的一个专业系统,涉及机械、电子、微控、传感、计算机、网络、数据库和系统集成等多个方面,整个系统实现具有很大难度。AFC应用系统软件是其中最具有代表性的,它不仅要集成所有售检票设备信息,还要对车票和现金等实物进行管理,涉及车站管理、收益管理和车票管理等各个环节,数据关系较为复杂,需求难以把握,开发具有一定难度,是实现AFC系统集成的关键环节。国外经济发达城市的轨道交通,已普遍采用了这种管理系统,并发展到相当先进的技术水平。我国城市轨道交通车站的自动售检票设备,最初是来自国外,近年来已进行了大量的开发研制工作,提出了多种形式的产品,技术水平也在不断提高。国内城市轨道交通AFC系统的发展经历了从无到有的过程,随着计算机技术和软件的发展,我国城市轨道交通AFC系统的技术已与城市一卡通接轨,实现了城市甚至城市区间的一卡通。

AFC系统的便捷和准确性,有助于提高管理水平,减轻劳动强度。AFC系统不仅是城市轨道交通和交通系统发展的一个趋势,也是城市信息化建设的一个重要体现。

任务二　自动售检票系统基本构架

一、自动售检票系统架构

目前,城市轨道交通路网AFC系统采用三级组网、四层架构,分成如下四层结构。

第一层:轨道交通清算管理中心计算机系统(ACC);第二层:线路中心计算机系统(LC);第三层:车站计算机管理系统(SC);第四层:车站终端设备(SLE)。

北京城市轨道交通路网AFC系统的四层架构,如图3-1所示。

1. 第一层:轨道交通清算管理中心计算机系统(ACC)

ACC是轨道交通控制管理中心,实现轨道交通路网内各运营商的统一协调以及系统和安全管理;主要负责轨道交通各线一票通及一卡通的运营管理、票务管理、轨道交通与一卡通系统的清算、对账及与各线间的清算,负责整体与外部系统(如一卡通清算系统)进行交互、各线路AFC系统的信息交换、一票通票卡的发行管理,负责AFC系统的密钥安全以及对外的信息服务,实现各LC有效接入ACC。

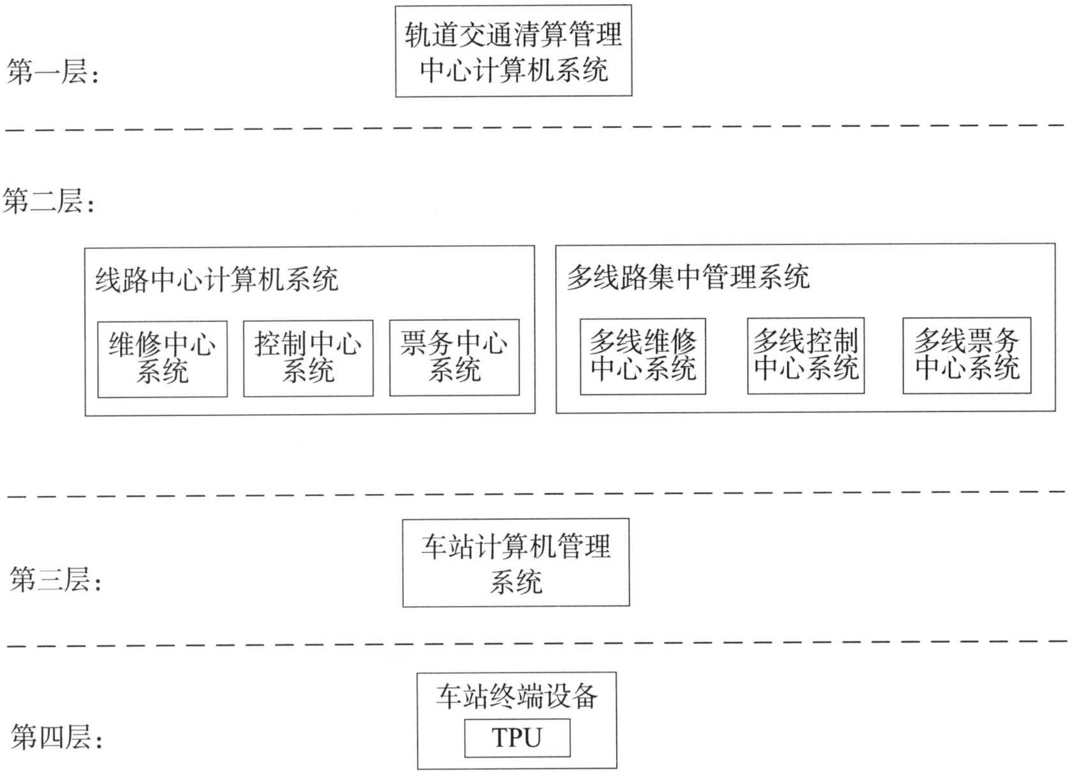

```
第一层:            轨道交通清算管理
                   中心计算机系统

─────────────────────────────────────

第二层:
        线路中心计算机系统              多线路集中管理系统
     ┌──────┬──────┬──────┐         ┌──────┬──────┬──────┐
     │维修中心│控制中心│票务中心│         │多线维修│多线控制│多线票务│
     │ 系统 │ 系统 │ 系统 │         │中心系统│中心系统│中心系统│
     └──────┴──────┴──────┘         └──────┴──────┴──────┘

─────────────────────────────────────

第三层:            车站计算机管理
                   系统

─────────────────────────────────────

第四层:            车站终端设备
                      TPU
```

图 3-1　北京城市轨道交通路网 AFC 系统的四层架构

2. 第二层:线路中心计算机系统(LC)

LC 是整条线路的数据中心,对上负责接收 ACC 下发的各类参数数据,并将本线路各车站终端设备产生的运营数据上传至 ACC,同时负责与 ACC 进行清算对账。LC 对下负责接收各车站系统上传的终端设备的运营数据,并将参数数据下发给车站系统。LC 将各类数据进行统计,生成相关的报表为线路运营提供依据。LC 是整条线路的监控管理中心,它与车站系统之间进行命令消息的传递,可对线路内的所有设备进行监视。

3. 第三层:车站计算机管理系统(SC)

SC 是线路 AFC 系统内的车站管理系统,负责本车站的运营、票务管理。SC 对上负责接收 LC 下发的参数数据,并下发给终端设备。SC 对下负责接收终端设备上传的状态及运营数据,并上传给 LC,同时 SC 将车站各类数据统计,生成相关的报表为车站运营提供依据。SC 负责监控车站终端设备运营及故障情况,实现对设备的管理与控制。

SC 主要由网络设备、车站服务器、监控工作站、电源系统等构成(图 3-2)。

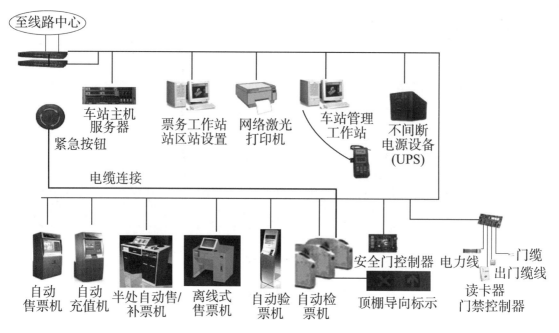

图3-2　车站计算机系统

4. 第四层：车站终端设备(SLE)

SLE是AFC系统中面向乘客服务的终端,它完成售票、检票、补票、查询等业务,满足联网收费的要求。SLE接收SC系统下发的命令和参数,同时将各类状态和运营数据上传给SC。SLE主要包括自动检票机、自动售票机、半自动售票机、自动充值机、自动查询机等。

二、车站终端设备

车站终端设备可以满足乘客自主购票、自主乘车的需求,提升票务收益管理工作的效率,节省人力资源。车站终端设备放置在车站的站厅层,一般分为售票类设备、检票类设备、验票类设备三种类型。

(一) 半自动售票机

半自动售票机(BOM)是由票务员操作为乘客提供售票服务的设备,其主要功能是售票、补票、充值、修复、替换、退款、车票查询。半自动售票机安装在售票亭和补票亭,先对票务员的身份进行确认,然后票务员可以根据乘客需求进行售出和补票等业务;半自动售票机还可以对包含市政交通一卡通卡在内的储值票进行发售、充值。

半自动售票机主要由主控单元、操作显示器、乘客显示器、票卡发送模块、读卡器、触摸屏、钱箱、发票打印机(针式)、电源箱、不间断电源等部件组成(图3-3)。

图3-3 半自动售票机

(二) 自动售票机

自动售票机(TVM)是为乘客提供自助购票服务的设备,其主要功能是售单程票。自动售票机安装在车站非付费区,由乘客操作自动出售单程票。自助售票作业包括购票选择、接受购票资金、出票、找零等过程。自动售票机发售各种票价的单程票,接受硬币和纸币,并且能用硬币和纸币找零。

自动售票机主要由主控单元、触摸屏、乘客显示器、运营状态显示器、车票读写器及天线、纸币处理系统、硬币处理系统、维护面板/移动维护终端接口、单据打印机、电源模块及机壳等部件组成(图3-4)。

(三) 自动检票机

自动检票机(AG)是控制乘客进出站的通行控制设备,设置在付费区与非付费区的分界处,其主要功能是检票。

自动检票机主要包括主控单元、乘客显示器、方向指示器、警示灯和蜂鸣器、读写器及天线、通道阻挡装置、票卡传送/回收装置、维护键盘/移动维护终端接口、电源模块等(图3-5)。

图3-4 自动售票机

(四)自动查询机

自动查询机(TCM或EQM)是提供乘客自助车票查询服务的设备,其主要功能是车票内信息查询。自动查询机安装在地铁车站非付费区,为乘客提供自助查询车票信息的服务。自动查询机可查询车票的最近使用情况,它不仅能查询车票的当前状态,还能给乘客提供其他信息,例如为乘客提供地铁线路列车时刻表、乘车路线查询、车站出入口分布图、地面道路及公交换乘信息等,虽然这些自助式查询功能并不是自动查询机必须具备的功能,但这些功能可以提高设备的利用率。

自动查询机主要由主控单元、乘客显示器、车票读写器及天线、扬声器、乘客感应传感器等组成(图3-6)。

图3-5 自动检票机　　　　　图3-6 自动查询机

任务三　自动售检票系统设备配置与布局

一、影响AFC系统设备配置与布局的因素

车站AFC系统设备配置是为研究解决AFC系统设备选型和配置数量的问题,而车站AFC系统设备布局则是为研究解决AFC系统设备空间布置的问题。影响车站AFC系统设备配置与布局的因素主要有以下几个方面。

(一)高峰小时进出站客流

高峰小时进出站客流的数量是决定车站AFC系统设备配置的主要因素,高峰小时进出站客流的流向则是决定车站 AFC 系统设备布局的基本依据。

根据客流统计资料数据分析,车站客流的进出站高峰小时出现时间与断面客流的高峰小时出现时间通常不同,车站客流的进站高峰小时与出站高峰小时出现的时间通常不同,工作日高峰小时进出站客流通常大于双休日高峰小时进出站客流。因此,一般采用工作日高峰时进出站客流作为计算车站 AFC 系统设备配置的依据。

从客流的空间分布角度,应根据车站内乘客流向及行程轨迹,分别对各个付费区及各组检票机的进出站客流进行分析,还应该对上、下行方向客流的到发特征,进出站客流到检票机的特点和进出站客流的路径交叉等进行分析。

(二) 车站 AFC 系统设备使用能力

车站 AFC 系统设备使用能力是指车站 AFC 系统设备在单位时间内(通常为1min)的出票张数或通过人数等。车站 AFC 系统设备通过能力可以分为设计能力和使用能力。设计能力是理想状态下的设备能力,根据 AFC 系统文件提供的数据确定。例如检票机的设计能力,主要取决于票卡读写时间、闸门开启时间和乘客通过闸门时间等。但实践中,由于乘客特性、使用熟练程度、设备利用不均匀等原因,车站 AFC 系统设备的使用能力小于设计能力。因此,在 AFC 系统设备配置数量计算时,应考虑其使用能力。

(三) 站台与站厅层设计布局

站台、站厅层设计布局主要是设计站台类型、车站控制室的位置、升降设备的位置和车站出入口的布置等。

站台、站厅层设计布局对付费区及检票机的设置有较大影响,从而影响车站 AFC 设备的配置和布局。例如,岛式站台车站,付费区的自动扶梯、步行楼梯设置在站厅的中央区域,客流量比较大的车站,在付费区两侧布置验票机,会影响检票机的位置。

二、AFC 系统设备配置的原则

AFC 系统设备的配置需要考虑以下三点:
(1)城市轨道交通车站的设备配置要满足面向乘客服务的要求;
(2)要强调设备配置的能力匹配与经济性;
(3)要体现城市轨道交通服务方式在各类城市公共交通服务模式中的先

进性。

在充分考虑这三方面内容的基础上,应围绕以下原则来配置相应的设备设施。

(一) 实用性原则

车站的设备配置要符合车站服务的特点,即服务的短暂性和高频率。城市轨道交通车站主要满足乘客在该服务系统中的汇聚与疏解,有很强的时效性;乘客的基本要求是在短暂的移动过程中充分享受车站所提供的舒适服务。因此,设备的实用性是车站首先考虑的问题。

(二) 功能匹配原则

由于城市轨道交通系统投资巨大,城市轨道交通车站的设备配置要满足乘客所需的服务要求,同时也要防止出现设备能力闲置,降低设备的使用效率以及系统运营的经济效益(不包括正常的设备能力储备),即车站设备服务能力与乘客所需的服务容量应匹配。另一方面,车站设备配置的能力匹配,还包括各设备之间的容量与能力匹配,如列车运营密度对售检票能力都提出了相应的配套要求,这一要求就是售检票系统和车站各配置设备之间的能力协调。

(三) 先进性原则

城市轨道交通系统作为先进的大容量、快捷交通运行工具,同时也是一个复杂的运营系统。高技术、高智能化是其基本特征,而要体现这一高技术、高智能化特征,构成这一系统的各设备必须有相当的先进性,就目前而言,应以计算机技术、信息技术和控制技术为主要应用对象,提高车站设备的技术和应用层次。

(四) 经济性原则

在满足乘客需求的前提下,本着提高设备利用率的原则,售检票系统配置相关设备必须有一个符合经济性的问题,即从设备的等级、规模、先进的程度等方面出发,体现够用的原则,从而使车站售检票系统的建设投资恰到好处。

(五) 安全性原则

与其他各类交通工具一样,城市轨道交通系统的运营十分强调安全性,它是所有被考虑因素中的第一位要素。而安全运营的实现除了依靠严格而又科学的运营管理以外,设备的运行可靠程度也是重要的决定性因素。对于售检票系统设备的配置来说,要从所配置设备的安全可靠性上严格把关,同时还要配备必要的应急设备,以防万一。

三、AFC系统设备布置应满足的要求

(一) 正确设置售检票系统设备的位置

售检票系统设备的位置与出入口、楼梯应保持一定距离。售检票系统设备的位置一般不设置在出入口、通道内,并尽量保持与出入口、楼梯有一定的距离,从而保证出入口和楼梯的畅通。

售检票系统设备的位置一般选择在站厅内宽敞位置设置,保持售检票系统设备的位置前通道宽敞,便于售检票系统设备位置前客流的疏导,售检票系统设备的位置应适当保持一定距离,避免排队时拥挤。

图3-7为北京地铁车站站厅层检票系统布置图。

图3-7　车站站厅层检票系统布置图

(二) 合理布置付费区

售检票系统设备的位置根据出入口数量相对集中布置,并满足客流流向要求。因城市轨道交通车站一般有多个出入口,为了减少乘客进入车站后的走行距离,一般设置多处售检票系统设备,但过多设置售检票系统设备容易造成设备使用的不平衡,降低设备使用效率,并且不利于管理,因而售检票系统设备位置应根据车站客流的大小集中布置。

图3-8为北京地铁车站站厅层售票系统布置图。

图3-8　车站站厅层售票系统布置图

训练目的:使学生了解自动售检票系统的发展现状,自动售检票系统基本构架以及自动售检票系统设备配置与布局。

训练方法:多查阅相关课外资料。

本模块重点介绍了自动售检票系统的发展现状:自动售检票系统只占整个工程中很小一个部分,但从功能角色来看,其却是保证业务正常运营的支撑系统之一。

同时,本模块介绍了自动售检票系统基本架构和自动售检票系统设备配置与布局。轨道交通路网AFC系统采用三级组网、四层架构:第一层是轨道交通清算管理中心计算机系统,第二层是线路中心计算机系统,第三层是车站计算机管理系统,第四层是车站终端设备。

一、填空题

1. 自动售检票系统简称为_____。

2. 自动售检票（AFC）系统是综合技术性很强的一个专业系统,涉及_____、_____、_____、_____、_____

_____、_____和_____多个方面,整个系统实现具有很大难度。

3. 自动售票机主要由_____、运营状态显示器、纸币回收单元、纸币找零单元、硬币单元、票卡发行单元、维护面板、票据打印机及维修打印机等部件组成。

4. 自动售票机的功能主要是通过乘客的自助操作完成地铁_____作业和_____作业。

5. 自助售票作业包括_____等过程。

6. 储值卡充值作业包括_____等过程。

7. 运行模式包括_____。

8. 自动售票机乘客乘务处理中通常会遇到_____自动售票机等问题。

二、简答题

1. 简述自动售票机的结构及功能。
2. 分析自动售票机的未来发展趋势。
3. 简述自动售票机钱箱清点工作的作业要求及操作流程。
4. 自动售票机有哪几种类型的乘务处理,分别应该如何处理?
5. 简述自动售票机的常见故障。
6. 请您根据本模块所学的知识,上机完成自动售票机的实操练习。

模块四　自动售票机

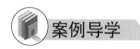

小美今天在地铁站使用自动售票机(TVM)购票,车票5元钱,她往自动售票机里投入了一张20元的纸币。在出票口,本来应该出来一张单程票和15元的找零,但是,小美发现自动售票机给她的找零少于15元。小美找到了车站值班员帮忙解决了这个问题。

事后,小美在想,在什么样的情况下,自动售票机会少找乘客零钱呢?除此之外,自动售票机还会存在什么样的问题呢?小美的这些疑问将在本模块得到很好的解答。

(1)掌握自动售票机的结构;
(2)掌握自动售票机的功能;
(3)了解自动售票机的工作原理;
(4)熟悉自动售票机的操作界面;
(5)掌握自动售票机钱箱清点工作及相关作业标准。

任务一　自动售票机功能

自动售票机(TVM)是地铁自动售检票系统(简称AFC系统)中的自动售票设备,设置在车站非付费区,供乘客自助购票、充值使用。

自动售票机的功能主要是使乘客能够自主操作完成地铁单程票售票作业和储值卡充值作业。自助售票作业包括购票选择、接收现金、出票、找零等过程。储值卡充值作业包括检验储值卡有效性及合法性、接收现金、储值卡充值等过程。

一、购票

自动售票机可接受硬币、纸币等支付方式。购票时,允许使用的纸币为第四版人民币5元、10元及第五版人民币5元、10元;允许使用的硬币为1元的人民币。同时在乘客售票操作时,能以纸币、硬币和纸币硬币混合型式找零。找零币种为1元、5元纸币,1元硬币(优先纸币找零)。购票流程如图4-1所示。

二、充值

自动售票机提供对一卡通票卡的充值功能。充值操作可接受的币种为第四版人民币10元、50元、100元和第五版人民币10元、20元、50元、100元。充值流程如图4-2所示。

图4-1 购票流程　　　图4-2 充值流程

任务二　自动售票机结构

一、自动售票机构成

自动售票机主要由电源模块、主控单元、触摸屏、乘客显示器、运营状态显示器、读写器、纸币回收单元、纸币找零单元、硬币单元、车票发行单元、维护单元、单据打印机及维修打印机、I/O 板等部件组成。以北京地铁房山线自动售票机为例,图 4-3 和表 4-1 展示了自动售票机的内部结构及相关说明,图 4-4 和表 4-2 展示了自动售票机乘客操作面及相关说明。TVM 自动售票机如图 4-5 所示。

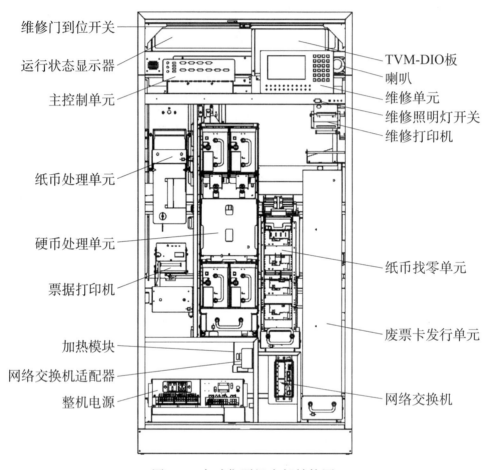

图 4-3 自动售票机内部结构图

自动售票机内部结构说明表 表 4-1

序号	项目	说明
1	整机电源	为自动售票机各单元提供电力
2	主控制单元	自动售票机的控制运行单元
3	纸币处理单元	识别、暂存、退还、储存纸币
4	纸币找零单元	用于纸币找零
5	维修照明灯	照明灯,提供设备内部照明

续上表

序号	项 目	说 明
6	维修打印机	为维修和运营人员打印单据
7	票据打印机	为乘客打印充值或故障信息
8	维修单元	为维修员和运营人员进行本机维修操作和业务操作
9	硬币处理单元	硬币识别、暂存、补充、找零、清空和计数处理
10	废票卡发行单元	保管发行错误的废票
11	运行状态显示器	显示当前设备的运行模式信息

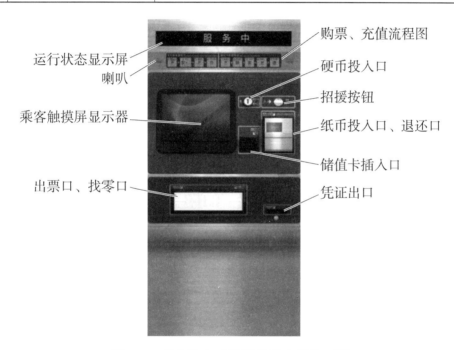

图 4-4　房山线自动售票机乘客操作面图

乘客操作面说明表　　　　　　　　　　　　表 4-2

序号	项 目	说 明
1	纸币投入口/退还口	接收单张投入的纸币,可将所投纸币一次性返还
2	硬币投币口	接收单枚投入硬币
3	乘客触摸屏显示器	20.1英寸红外触摸屏显示器,供乘客操作
4	运行状态显示屏	全彩LED屏,显示设备运营状态
5	招援按钮	在乘客需要帮助时使用

续上表

序号	项目	说明
6	凭票出口	由票据打印机为乘客提供票据
7	储值卡插入口	手动推入式插卡和解锁后手动取卡
8	出票口、找零口	单张、连续出售车票;可将找零币一次性找给乘客;返还乘客投入的不可识别硬币或乘客取消操作后退还乘客投入的硬币或找零硬币
9	购票、充值流程图	向乘客提供购票和充值操作流程信息

图4-5　TVM自动售票机

二、自动售票机工作原理

(一)自动售票机运行/停止模式

设备运行/停止模式设置是指根据运营现场情况,按照车站计算机系统发来的参数,设备根据自身情况自动转变或人工单机操作面板设置TVM的各种模式。运行模式包括正常服务模式、无找零模式、只收硬币模式、只收纸币模式、只售单程票模式、只充值模式。停止模式包括暂停服务模式。

(1)正常服务模式:设备各模块正常、纸币/硬币钱箱未满、车票及找零硬币充足。

(2)无找零模式:人工设置、找零硬币不足或找零模块故障。

(3)只收硬币模式:人工设置、纸币模块故障或纸币回收箱异常。

(4)只收纸币模式:人工设置、硬币模块故障或硬币回收箱异常。

(5)只售单程票模式:人工设置或充值模块故障。

(6)只充值模式:人工设置、车票不足、售票模块故障或票箱异常。

(7)暂停服务模式:人工设置或设备故障未修复。

注意事项:

(1)TVM运行模式应充分满足乘客购票、充值需求并按公司有关规定进行设置。

(2)TVM处于只充值模式时投币口舌挡会阻止硬币继续投入,强行投入会造成部件损坏。

(二)票箱、钱箱、凭证打印纸的检查更换工作

(1)TVM票箱、钱箱、凭证打印纸由客运行车值班员根据本台设备提示或通过SC查询及时更换。

(2)更换TVM硬币钱箱时,应直接拉出底部舌挡,切勿扳动把手。

(3)值班员进行TVM的钱箱更换时,必须有值班站长陪同监护。并在将所卸下的钱箱装上专用车后,按规定指定路线送回AFC票务室进行清点,确保票款安全。

(4)将票整齐地压入票箱,每个票箱压票不多于800张。并确认每个票箱的RFID数据等于票箱内的实际数量。在操作界面中进行更换票箱操作。在规定时间内需清理检查废票箱。

(5)更换票箱、钱箱时,要轻轻将其取出和插入设备,切勿撞击设备。防止设备故障和箱子损坏。

(6)更换票箱及钱箱后,必须交换物理位置。

(7)保存票箱和钱箱时,可将其倒下存放。因为箱子立着存放时,如不小心碰到容易将箱子碰倒导致变形损坏。

任务三 自动售票机作业

一、自动售票机运用

(一)TVM的开启操作

TVM的开启操作遵循"一开门,二确认,三输入,四更换,五退出,六查看"的

操作流程。

(1) 一开门:使用专用钥匙打开维修门。

(2) 二确认:确认 TVM 连接状态(设备自动完成参数下载和程序自检)。

(3) 三输入:使用本人操作员 ID 号及密码进行登录。

(4) 四更换:将票箱和找零硬币装入设备、打印操作水单。

(5) 五退出:退出登录后关闭维修门。

(6) 六查看:查看 TVM 是否进入基本界面。

注意事项:

(1) 不要过度用力开、关维修门,防止门损坏。

(2) 维修门打开之前,需确认周围没有乘客,确保人身及票款安全。

(3) 维修门打开时,不要扭动钥匙,以免引起警报蜂鸣器鸣响。

(二) TVM 的关闭操作

TVM 的关闭操作遵循"一开门,二输入,三清理,四结账,五取箱,六退出,七确认"的操作流程。

(1) 一开门:使用专用钥匙打开维修门。

(2) 二输入:使用本人操作员 ID 号和密码进行登录。

(3) 三清理:更换废票箱。

(4) 四结账:进行结账操作、打印结账总水单。

(5) 五取箱:进行硬币回收操作,取下钱箱。

(6) 六退出:退出登录、关闭维修门。

(7) 七确认:确认 TVM 关闭状态。

注意事项:

(1) 每日开启车站各终端设备前应先确认 SC 已开始运营。

(2) 售票设备应在每日运营开始前 20min 开启。

(3) 运营开始时需按正确流程启动设备,避免将处于休眠状态的设备误认为故障设备。

(4) 售票设备启用后,要求操作员必须先确认设备运营时间与当前时间同步。

(5) 售票设备重新启动时会短时间与 SC 中断,此为正常现象。需在设备完全启动后确认设备状态。

(6) 完成所有售票设备的业务终了处理后再进行售票数据核对工作,并确认所有售票设备已进入"暂停服务"模式,避免结账后再有新的数据产生,影响交易数据的准确性(BOM 的业务终了,在本机"注销"后执行"业务结束",TVM 的业务终了,在 SC 工作站上直接向 TVM 逐台发送"设备休眠"命令)。

(7)在运营时间内,严禁进行密码修改业务,避免造成对设备的影响。

(8)售票设备发生故障后必须在相关台账上做好记录并及时报维修单位,避免因维修不及时导致影响生产运营工作。

(9)应准确记住本人 ID 和密码,输错三次即锁定设备。

二、车票出售

乘客在 TVM 上自助购买单程票有两种购买方法:第一种是选择目的车站以后,再投入钱的方法(先按目的车站的方式);第二种是先选择票价按钮,再投入钱的方式。

(一)乘客按线路使用 TVM 自助购买单程票流程

(1)在自动售票机主界面选择所要前往的线路及目的车站,并在左侧选择购票张数,如图 4-6 所示。

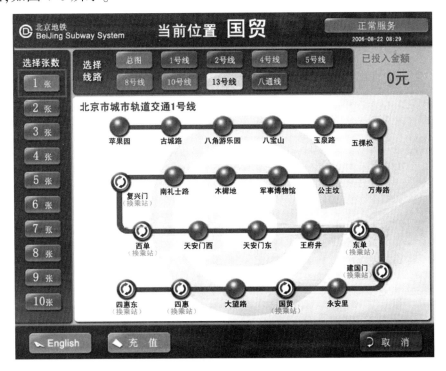

图 4-6 自动售票机选择车站及购票张数操作

(2) 投入对应数量的 1 元硬币或 5 元、10 元的纸币，如图 4-7 所示。

图 4-7　自动售票机硬币和纸币投入口

(3) 乘客点击"确定"或"取消"，如图 4-8 所示。

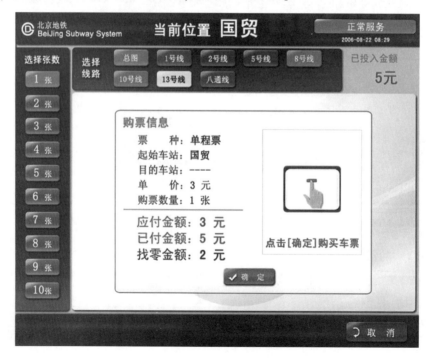

图 4-8　自动售票机购买单程票确认操作

(4)若点击"确定",在下方出票口处取出票卡及找零硬币,如图4-9所示。

图4-9　自动售票机下方取出票卡找零硬币

(5)若点击"取消",投入的钱币退回,返回主界面,如图4-10所示。

图4-10　自动售票机购买单程票取消操作

(二)乘客按票价使用TVM自助购买单程票流程

(1)在价目板上查询从始发站到目的车站票价,如图4-11所示。

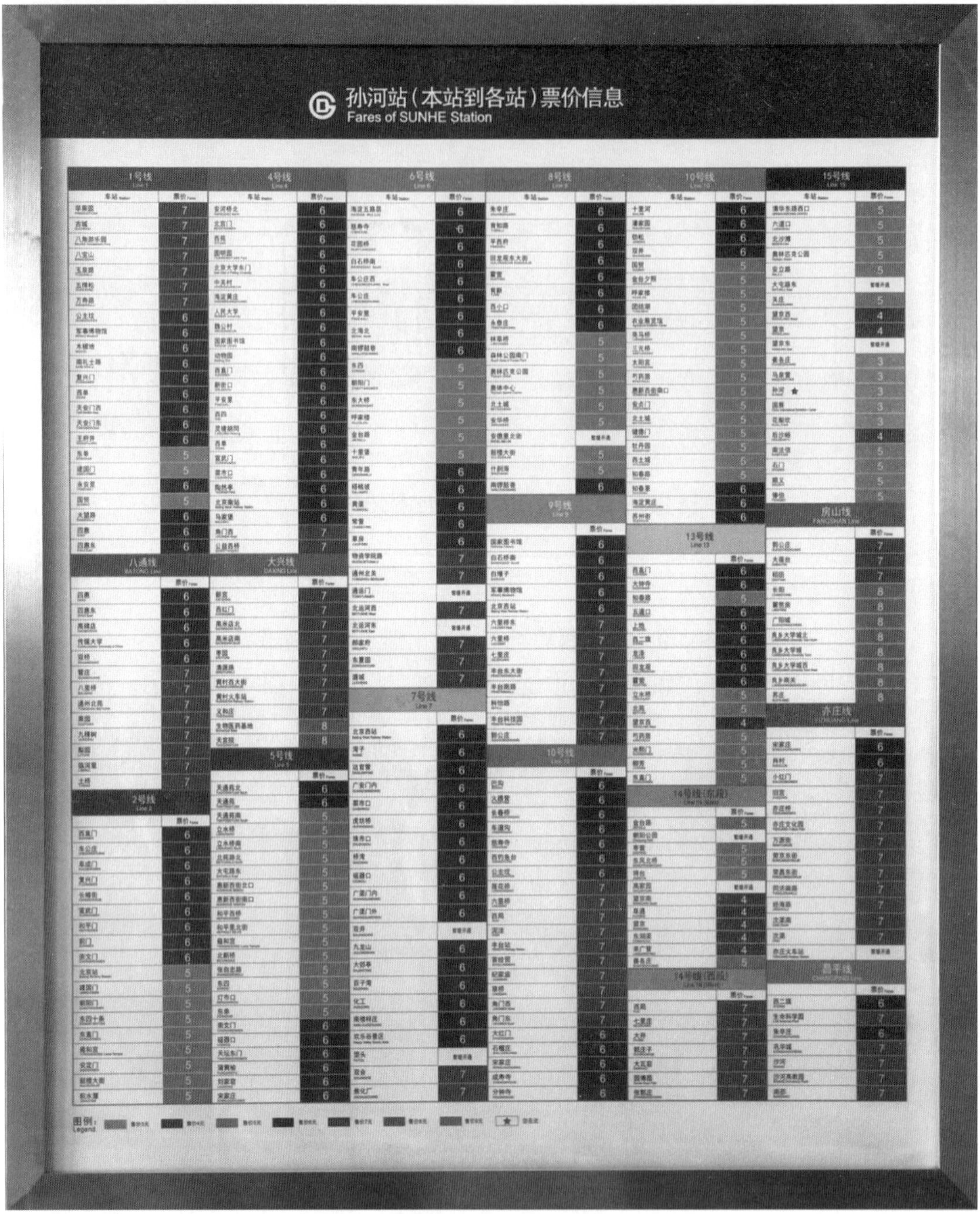

图4-11 价目板

(2)在自动售票机主界面选择票价,如图4-12所示。

(3)投入对应数量的1元硬币或5元、10元的纸币。

(4)乘客点击"确定"或"取消",如图4-13所示。

(5)若点击"确定",在下方出票口处取出票卡及找零硬币。

(6)若点击"取消",投入的钱币退回,返回主界面。

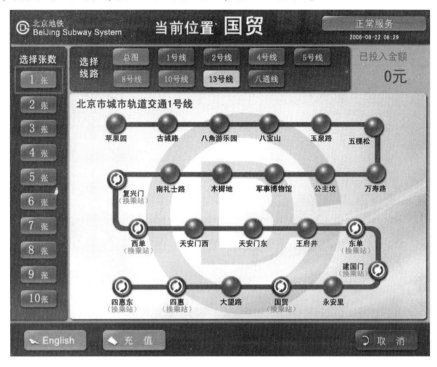

图 4-12　自动售票机选择票价及购票张数操作

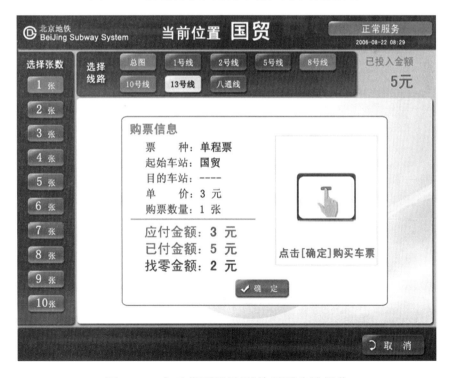

图 4-13　自动售票机购买单程票确认操作

(三)注意事项

指导乘客使用 TVM 时应注意:TVM 每次最多发售 10 张,发票结束时需及时从出票口暂存处取走车票,取走车票后方可开始下次发售,出票口暂存处积累过多车票会造成设备出票堵塞。

三、一卡通充值

乘客使用 TVM 充值的关键流程如下。

(1)在自动售票机主界面点击充值,如图 4-14 所示。

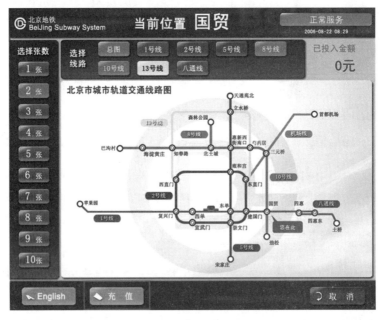

图 4-14　自动售票机主界面点击充值操作

(2)将一卡通卡片放入"一卡通插入口",如图 4-15 所示。

图 4-15　自动售票机一卡通插入口

(3) 根据乘客显示屏上的提示,将要充值的钱放入纸币投入口。
(4) 操作成功后,从"一卡通插入口"取回一卡通卡。

任务四　自动售票机钱箱更换及钱箱内现金清点作业

售检票终端设备中涉及现金交易的自助设备主要有自动售票机和自动充值机。在车站的日常票务作业中或运营结束后需要回收设备内的钱箱,以便清点票款。设备钱箱主要有自动售票机纸币钱箱和硬币钱箱、自动充值机纸币钱箱。

一、钱箱清点工作

钱箱清点是收益管理的重要环节,应严格把控。一般情况下,钱箱的清点工作需要由两人在车站票务室(点钞室)共同完成。

清点出的所有钱箱票款金额,并扣除值班员为自动售票机补充找零硬币(简称补币)的金额,就是当日自动售票机票款收益。为保证自动售票机票款收益统计的准确性,车站对于补入自动售票机找零硬币的清点及钱箱票款的清点必须按规范要求进行,以确保准确无误。一般情况下,硬币的清点及钱箱的清点工作须由两人在票务室(点钞室)监视仪监视状态下共同完成。值班员在清点用于补币的硬币时,每台自动售票机的补币清点数量也必须在票务室(点钞室)监视系统下进行读数并加封。用于补币的硬币清点完至补币前,须存放在票务室(点钞室)监视区域,进行补币操作时必须由两人负责(一人操作,一人监控),补币后须做好相应台账记录。清点钱箱时,相应的钱箱、钱袋和点币机必须放在安全区域。整个清点过程中任何人不得遮挡监视仪,若监视系统发生故障而造成车站无法按程序清点钱箱时,须由一名车站值班站长或以上职务人员和车站值班员两人一起清点钱箱,必须逐一清点,每个硬币钱箱的清点数量必须在票务室(点钞室)监视系统下进行读数,并将实点数及时记入《钱箱清点报告》对应的实点金额栏,每清点完一个钱箱,须确保钱箱已倒空并无现金遗留在钱箱内。清点钱箱过程中,非紧急情况不得离开票务室(点钞室)。

二、自动售票机(TVM)硬币钱箱更换操作

自动售票机硬币钱箱如图 4-16 所示,其更换操作如下。

图 4-16　自动售票机硬币钱箱

(1) 打开维修门。
(2) 在维护面板上登录。
(3) 在维护面板上选择"补充硬币"。
(4) 将待更换钱箱的前盖板手动推回箱体,如图 4-17 所示。

图 4-17　自动售票机硬币钱箱推回盖板操作

(5) 用钥匙将取箱锁扳至开位。
(6) 双手取下硬币钱箱,并取出钱箱内硬币装入指定容器中。
(7) 锁闭硬币纸箱,如图 4-18 所示。

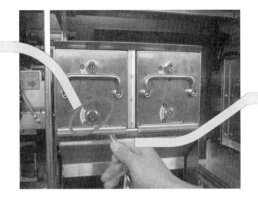

图 4-18　自动售票机硬币钱箱锁闭

三、自动售票机(TVM/AVM)纸币钱箱更换操作

(1)打开维修门。

(2)拉动纸币模块下端"拉出把手",如图 4-19 所示。

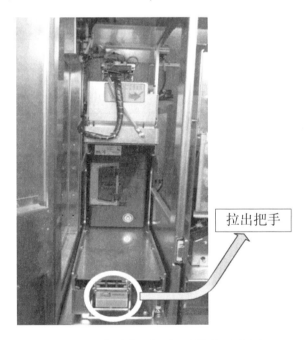

图 4-19　自动售票机纸币模块示意图

(3)用钥匙将锁位扳至"开"状态,如图 4-20 所示。

(4)拉出纸币钱箱把手,双手将纸币箱取下。

(5)按照规定取出纸币钱箱内的纸币装入指定容器内,再装回自动售票机(或直接安装更新的纸币钱箱)。

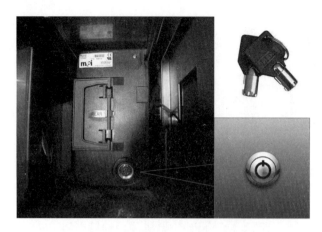

图 4-20 自动售票机纸币钱箱开锁操作

 模块训练

任务训练单一

"自动售票机相关作业"任务训练单见表 4-3。

任务训练单一　　　　　　　　　　　　　　　　　表 4-3

班级：　　　　姓名：　　　　训练时间：

任务训练单	自动售票机相关作业
任务目标	掌握自动售票机的售票作业流程，能进行自动售票机钱箱更换及钱箱内现金清点作业，能进行自动售票机乘客乘务处理，并能够进行常见故障的处理
任务训练	任务训练说明：请从下列任务中选择其中的两个进行训练。 自动售票机运用、车票出售、自动售票机硬币钱箱更换操作、纸币钱箱更换操作
任务训练一： （说明：总结作业流程，并在实训室进行实操训练或者上机在模拟软件上完成实操训练）	
任务训练二： （说明：总结作业流程，并在实训室进行实操训练或者上机在模拟软件上完成实操训练）	

续上表

任务训练的其他说明或建议：	
指导老师评语：	
任务完成人签字： 指导老师签字：	日期：_____年___月___日 日期：_____年___月___日

任务训练单二

内容：TVM 开站作业。

场景说明：

(1) TVM 处于暂停服务状态，要求实现 TVM 正常运营。

(2) 开始比赛后，系统自动提示选手：请开始 TVM 开站作业。

(3) 装入纸币钱箱、装入硬币回收钱箱、补充硬币、补充单程票，不分先后顺序；装入 5 元找零钱箱、10 元找零钱箱、纸币回收钱箱，不分先后顺序；装入 A 票箱、B 票箱，不分先后顺序。

任务训练二所涉及的相关设备如图 4-21～图 4-29 所示。

图 4-21 TVM 显示

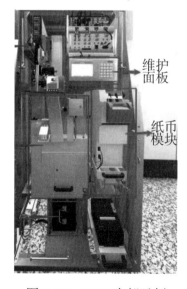

图 4-22 TVM 内部示例

图 4-23　发卡模块正面　　　　图 4-24　发卡模块侧面

 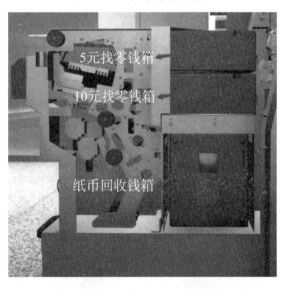

图 4-25　纸币模块正面　　　　图 4-26　纸币模块侧面

 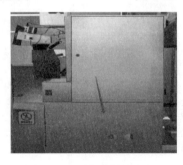 

图 4-27　硬币模块正面　　图 4-28　硬币模块侧面　　图 4-29　硬币专用找零钱箱

"TVM开站作业"任务训练单见表4-4。

任务训练单二

表4-4

序号	作业程序	作业内容	配分	评分标准	得分
1	形象礼仪	发型干净整洁,发色不浮夸,统一着装和鞋子,面容干净,精神好	5	(1)发型不整洁扣1分; (2)发色浮夸扣1分; (3)未统一着装扣1分; (4)面容不干净,妆容浮夸扣1分; (5)精神状态不佳扣1分; (6)配分5分,扣完为止	
2	打开TVM维护门	使用TVM维护门钥匙(1号)打开TVM维护门下门和上门	5	未打开维护门,扣5分	
3	补充单程票	将装满单程票的票箱A、B装入,并在维护面板上输入补票数。 1.按压蓝色解锁按钮,拉出发卡模块。 2.装入A票箱:拉动A票箱下面的卡扣,将装好单程票的票箱放在A卡槽内,松开票箱卡扣,使其自动复位。 3.装入B票箱:拉动B票箱下面的卡扣,将装好单程票的票箱放在B卡槽内,松开票箱卡扣,使其自动复位。 4.按压蓝色解锁按钮,推回发卡模块。	20	— 2.未安装A票箱到位,扣5分 3.未安装B票箱到位,扣5分 —	

续上表

序号	作业程序	作业内容	配分	评分标准	得分
3	补充单程票	5.输入补票数： （1）在维护面板输入账号 123456、密码 123456 后，点击 Enter 键登录； （2）在"主菜单"中,选择 1"运营服务"； （3）在"运营服务"界面,选择 2"补充单程票 A"； （4）输入补票数 600,按 F1 键加票； （5）按 Esc 键返回到"运营服务"界面,选择 4"补充单程票 B"； （6）输入补票数 600,按 F1 键加票	20	5.扣分标准： （1）未输入 A 票箱补票数，或补票数错误，扣 5 分； （2）未输入 B 票箱补票数，或补票数错误，扣 5 分； （3）配分 10 分	
4	补充硬币	1.按压蓝色解锁按钮,拉出硬币模块。 2.使用硬币专用找零钱箱侧门钥匙（2 号）打开专用找零钱箱侧门。 3.装入 1 元专用找零钱箱 A。 4.锁上专用找零钱箱侧门,拔出钥匙。 5.按压蓝色解锁按钮,推回硬币模块。 6.输入 1 元硬币补币数： （1）按 Esc 键返回到"运营服务"界面,选择 1"补充硬币 A"； （2）输入补币数 500,按 F1 键加币	16	— 2.未打开侧门,扣 2 分 3.未装入 1 元专用找零钱箱,扣 5 分 4.扣分标准： (1)未锁上侧门,扣 2 分； (2)未拔出钥匙,扣 2 分； (3)配分 4 分 — 6.未输入 1 元硬币补币数，或补币数错误,扣 5 分	

续上表

序号	作业程序	作业内容	配分	评分标准	得分
5	装入纸币钱箱	1. 按压蓝色解锁按钮,拉出纸币模块。 2. 装入5元找零钱箱、10元找零钱箱。 3. 装入纸币回收钱箱。 4. 按压蓝色解锁按钮,推回纸币模块。 5. 输入5元纸币、10元纸币补币数: (1) 按Esc键返回到"运营服务"界面中,选择8"补充五元纸币"; (2) 输入补币数量500,按F1键加币; (3) 按Esc键返回到"运营服务"界面,选择9"补充十元纸币"; (4) 输入补币数量500,按F1键加币	24	一 2. 未将5元和10元找零钱箱安装到位,扣6分 3. 未将纸币回收钱箱装到位,扣6分 一 5. 扣分标准: (1) 未输入5元补币数,或补币数错误,扣6分; (2) 未输入10元补币数,或补币数错误,扣6分; (3) 配分12分	
6	装入硬币回收钱箱并上锁	1. 装入硬币回收钱箱。 2. 上锁: (1) 使用硬币回收钱箱硬币入口封门钥匙(4号)将硬币入口封门锁锁到位; (2) 拔出钥匙	10	1. 未装入或未装到位,扣5分 2. 扣分标准: (1) 未将硬币入口封门锁锁到位,扣3分; (2) 未拔出钥匙,扣2分; (3) 配分5分	

续上表

序号	作业程序	作业内容	配分	评分标准	得分
7	注销退出	1. 注销退出： (1)按 Esc 键返回到主菜单； (2)选择8"注销退出"，选择1"确定"； 2. 关上并锁闭 TVM 维护门（先关上门，再关下门）。 3. 拔出钥匙	10	1. 未注销退出，扣5分 2. 未关闭维护门，扣3分 3. 未拔出钥匙，扣2分	
8	确认TVM设备正常	查看 TVM 运营状态显示器显示"服务中"，乘客显示器（触摸屏）处于正常服务模式。 1. 手指：TVM 运营状态显示器、乘客显示器。 2. 口呼：设备正常	10	(1)若设备未处于正常服务模式，而进行手指口呼，扣10分； (2)未手指或手指位置错误，每处扣2.5分，配分5分； (3)未口呼或口呼内容错误，扣5分； (4)配分10分，扣完为止	
		合计			

任务训练单三

内容：TVM 关站作业。

场景说明：

(1)TVM 处于暂停服务状态，要求将票箱、钱箱等清空，实现 TVM 结束运营。

(2)系统自动提示选手：请开始 TVM 关站作业。

(3)取出硬币钱箱、纸币钱箱、票箱，不分先后顺序；取出1元专用找零钱箱、硬币回收钱箱，不分先后顺序；取出5元找零钱箱、10元找零钱箱、纸币回收钱箱，不分先后顺序；取出 A 票箱、B 票箱，不分先后顺序。

"TVM 关站作业"任务训练单见表 4-5。

任务训练单三　　　　　　　　　　　　　　　　　　　　表 4-5

序号	作业程序	作业内容	配分	评分标准	得分
1	下班盘点	1. 使用 TVM 维护门钥匙(1号)打开 TVM 维护门下门和上门。 2. 进入下班盘点： （1）在维护面板输入账号 123456、密码 123456 后,点击 Enter 键登录； （2）在"主菜单"中,选择 5"下班盘点"	15	1. 未打开维护门,扣 5 分 2. 未进行下班盘点,扣 10 分	
2	取出票箱	1. 按压蓝色解锁按钮,拉出发卡模块。 2. 取出 2 个票箱。 （1）取出 A 票箱：拉动 A 票箱下面的卡扣,取出 A 票箱； （2）取出 B 票箱：拉动 B 票箱下面的卡扣,取出 B 票箱。 3. 按压蓝色解锁按钮,推回发卡模块	12	— 2. 扣分标准： （1）未取出 A 票箱,扣 6 分； （2）未取出 B 票箱,扣 6 分； （3）配分 12 分 —	
3	取出 1 元专用找零钱箱	1. 按压蓝色解锁按钮,拉出硬币模块。 2. 取出 1 元专用找零钱箱： （1）使用硬币专用找零钱箱侧门钥匙(2号)打开专用找零钱箱侧门； （2）取出 1 元专用找零钱箱 A； （3）锁上专用找零钱箱侧门,拔出钥匙。 3. 按压蓝色解锁按钮,推回硬币模块	14	2. 扣分标准： （1）未取出 1 元专用找零钱箱,扣 6 分； （2）未锁上侧门,扣 6 分； （3）未拔出钥匙,扣 2 分； （4）配分 14 分 —	

续上表

序号	作业程序	作业内容	配分	评分标准	得分
4	取出纸币钱箱	1. 按压蓝色解锁按钮，拉出纸币模块。 2. 取出5元、10元找零钱箱： （1）使用纸币钱箱安全钥匙（6号）打开纸币找零钱箱安全锁； （2）取出5元找零钱箱； （3）取出10元找零钱箱。 3. 取出纸币回收钱箱： （1）使用纸币钱箱安全钥匙（6号）打开纸币回收钱箱安全锁； （2）取出纸币回收钱箱。 4. 拔出钥匙。 5. 按压蓝色解锁按钮，推回纸币模块	20	— 2. 扣分标准： （1）未取出5元找零钱箱，扣6分； （2）未取出10元找零钱箱，扣6分； （3）配分12分 3. 未取出纸币回收钱箱，扣6分 4. 未拔出钥匙，扣2分 —	
5	取出硬币回收钱箱	1. 取出硬币回收钱箱：使用硬币回收钱箱硬币入口封门钥匙（4号）解锁硬币入口封门锁，拉出硬币回收钱箱。 2. 拔出钥匙	8	1. 未取出硬币回收钱箱，扣6分 2. 未拔出钥匙，扣2分	
6	运营统计	进入运营统计： （1）按Esc键返回到主菜单； （2）选择4运营统计，确认单程票、硬币、纸币数量清零	10	未通过运营统计确认单程票、硬币、纸币数量清零，扣10分	
7	注销退出	1. 注销退出： （1）按Esc键返回到主菜单； （2）选择8"注销退出"，选择1"确定"。 2. 关上并锁闭TVM维护门（先关上门，再关下门）。 3. 拔出钥匙	11	1. 未注销退出，扣5分 2. 未关闭维护门，扣4分 3. 未拔出钥匙，扣2分	

续上表

序号	作业程序	作业内容	配分	评分标准	得分
8	关闭TVM设备	1. 查看TVM运营状态显示器显示"结束运营",乘客显示器(触摸屏)显示结束运营。 2. 手指:TVM运营状态显示器、乘客显示器。 3. 口呼:结束运营	10	扣分标准: (1)若设备未处于结束运营模式,而进行手指口呼,扣10分; (2)未手指或手指位置错误,每处扣2.5分,配分5分; (3)未口呼或口呼内容错误,扣5分; (4)配分10分,扣完为止	
合计					

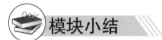

本模块重点介绍了自动售票机的售票作业、钱箱更换及钱箱内现金清点作业。要掌握自动售票机的以上作业,首先要掌握自动售票机的构成、功能等知识。自动售票机主要由电源模块、主控单元、触摸屏、乘客显示器、运营状态显示器、读写器、纸币回收单元、纸币找零单元、硬币单元、车票发行单元、维护单元、单据打印机及维修打印机、I/O板等部件组成。

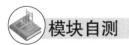

一、填空题

1. 自动售票机主要由_____、_____、_____、_____、运营状态显示器、读写器、纸币回收单元、纸币找零单元、硬币单元、车票发行单元、维护单元、单据打印机及维修打印机、I/O板等部件组成。

2. 自动售票机的功能主要是通过乘客的自助操作完成地铁_____作业和_____作业。

3. 自助售票作业包括_____、_____、_____等过程。

4. 储值卡充值作业包括_____、_____、_____等过程。

5. 运行模式包括_____、_____、_____、_____、_____、_____。

6. 自动售票机乘客乘务处理中通常会遇到自动售票机_____、_____、_____、_____等问题。

二、简答题

1. 简述自动售票机的结构及功能。

2. 分析自动售票机的未来发展趋势。

3. 简述自动售票机钱箱清点工作的作业要求及操作流程。

4. 自动售票机有哪几种类型的乘务处理,分别应该如何处理?

5. 简述自动售票机的常见故障。

6. 请您根据本模块所学的知识,上机完成自动售票机的实操练习。

模块五　半自动售票机

案例导学

小美到地铁站乘坐地铁,可是发现自己的一卡通只剩下两元钱了。这点钱可不够乘坐地铁回家呀!于是她去到售票亭,找到工作人员帮她给一卡通充值100元。小美联想到自己在课堂上学的知识,刚才工作人员帮她充值所使用的机器应该就是半自动售票机了。

那么,半自动售票机到底都可以完成哪些工作呢?如果半自动售票机出现故障了可怎么办呢?以上的问题可以通过学习本模块得到解答。

学习目标

(1)掌握半自动售票机的结构;
(2)掌握半自动售票机的功能;
(3)利用半自动售票机完成乘客票务事务处理相关作业;
(4)了解半自动售票机日常维护内容;
(5)了解半自动售票机票务作业异常情况的应急处理。

任务一　半自动售票机结构

半自动售票机(BOM)是地铁自动售检票系统中的人工售票设备。半自动售票机为功能较全面的终端设备,设于车站售票亭和补票亭。

一、半自动售票机构成

半自动售票机是由 BOM 主控单元、主操作显示器、乘客显示器、票据打印机、钱箱、发行单元读写器、桌面读卡器、电源等独立设备组成,它们通过相应线缆进行连接,如图 5-1 所示。半自动售票机的设备构成单元介绍如下。

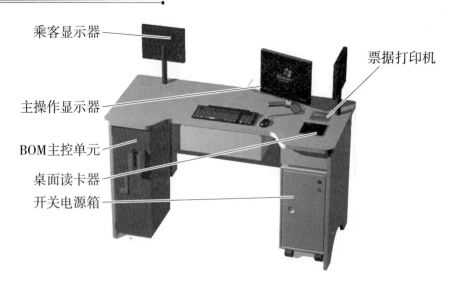

图 5-1 半自动售票机设备构成图

（1）BOM 主控单元：BOM 核心部件，主要负责存储、记录交易数据、控制 BOM 其他单元模块、发送指令等，如图 5-2 所示。

图 5-2 BOM 主控单元

（2）主操作显示器：地铁工作人员通过操作此显示屏完成发售单程票、充值 IC 卡、结算、补票等相关操作，如图 5-3 所示。

（3）乘客显示器：半自动售票机通过乘客显示器为乘客提供售票信息，包括票价、售票张数、应收票款等，如图 5-4 所示。

（4）打印机：打印交易单据或结算信息所需的票据，如图 5-5 所示。

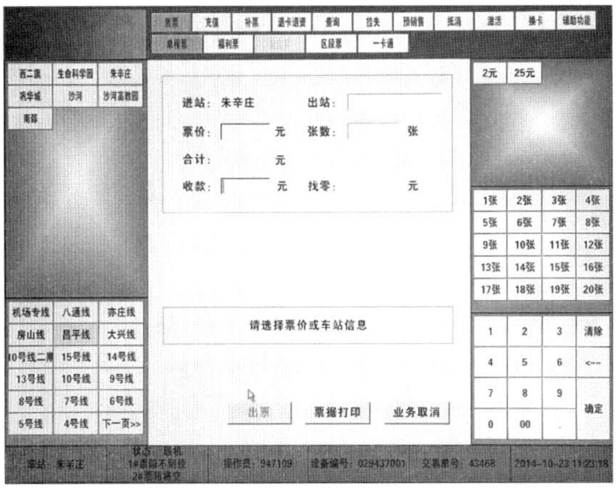

图 5-3　主操作显示器

图 5-4　乘客显示器

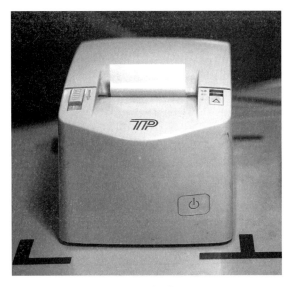

图 5-5　打印机

(5)钱箱:存放乘客购买车票或充值的钱币,如图5-6所示。

图5-6　钱箱

(6)发行单元读写器:发售单程票时通过发行单元读卡器将上位机信息写入空白票卡中。

(7)桌面读卡器:用于查询读取票卡信息,充值时将上位机所需的信息写入IC卡,如图5-7所示。

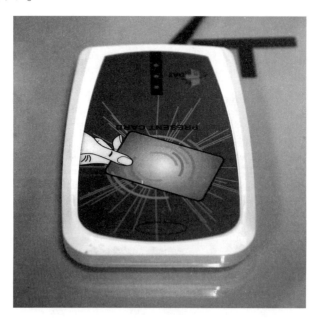

图5-7　桌面读卡器

(8)电源:给 BOM 供电。

二、半自动售票机功能

半自动售票机的功能主要包括票务处理功能、系统维护功能和安全管理功能。图 5-8 所示为 BOM 系统功能结构图。

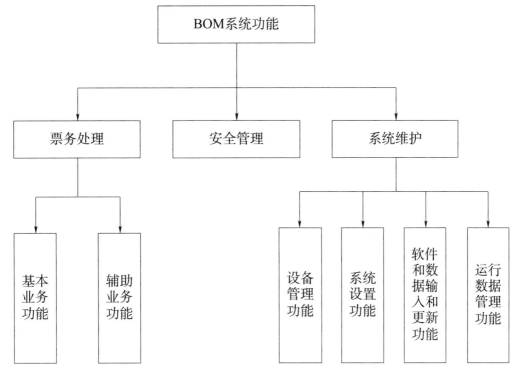

图 5-8　BOM 系统功能

(一) 票务处理功能

票务处理的基本业务功能包括售票、补票、充值、修复、替换、退票、预销售、预销售抵消、记名票处理(按 ACC 规则实现)、车票查询、挂失处理、车票分析、票据和发票打印。

票务处理的辅助业务功能包括更换票箱、收益查询、操作员间休、操作员签退、操作员结账、关机处理和密码修改。

(二) 系统维护功能

系统维护功能主要包括系统设置功能、设备管理功能、下载和更新功能、运行数据管理功能四个方面。

（1）系统设置功能包括 BOM 与 SC 时钟同步设置、BOM 工作模式设置和 BOM 本机参数设置。

（2）设备管理功能包括系统维护人员完成对 BOM 所有硬件设备的设置、维护、自检、连接测试工作。

（3）下载和更新功能是 BOM 具有软件和参数下载和更新功能。BOM 在每天第一次开机进行启动处理时，自动进行软件的下载、参数数据的下载，当网络出现问题无法使用时，也可以通过外部媒体进行数据导入。有新的版本下载或导入时，将进行软件和参数数据的更新。除了系统在启动时自动进行处理以外，也可以通过手动方式或根据 SC 的要求，在需要的时候进行软件和参数下载和更新。

（4）运行数据管理功能指 BOM 具有运行数据清理、运行数据备份、运行数据恢复、运行数据导出的功能。

(三) 安全管理功能

在 BOM 启动时自动完成一票通 SAM 卡和一卡通 SAM 卡设备认证，以确定该设备是否具有发行和处理相关车票的权限。一卡通 SAM 卡认证方式按照一卡通制定的规则实现，一票通 SAM 卡认证方式按照 ACC 制定的规则实现。

在登陆时完成操作员密码、操作员 IC 卡认证，以确定该操作员是否具有操作本设备的权限。操作员分为售票员和系统维护员，具有不同的操作界面。认证具有联网认证和单机认证两种方式。网络正常情况下使用联网认证，在网络异常又必须立即工作的情况下，可使用单机认证。

任务二　半自动售票机作业

一、工作流程

半自动售票机工作流程可参见图 5-9，分为开机、BOM 启动处理、操作员登录、日常售票业务处理、系统维护业务处理、无操作超时/间休、结账处理、签退、关机九个步骤。

1. 开机

开启系统电源开关。一键开机可将 BOM 连接的设备一并开启。

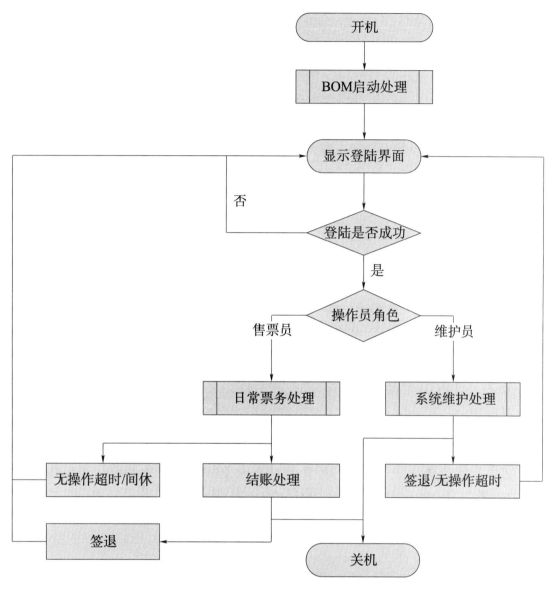

图 5-9 半自动售票机工作流程图

开机需要遵守"一确认,二输入,三更换"的流程。

(1) 确认:向值班站长确认行车值班员已完成本站 SC 的开启,设备自动完成参数下载和程序自检。

(2) 二输入:在登录界面下输入本人的操作员 ID 号和密码进行登录。

(3) 三更换:更换票箱,将满票箱装入设备。

注意事项:

(1) 不要过度用力开、关维修门,防止门损坏。

(2) 维修门打开之前,需确认周围没有乘客,确保人身及票款安全。

(3)维修门打开时,不要扭动钥匙,以免引起警报蜂鸣器鸣响。

(4)每日开启车站各终端设备前应先确认 SC 已开始运营。

(5)售票设备应在每日运营开始前 20min 开启。

(6)运营开始时需按正确流程启动设备,避免将处于休眠状态的设备误认为故障设备。

(7)售票设备启用后,要求操作员必须先确认设备运营时间与当前时间同步。

(8)售票设备重新启动时会短时间与 SC 中断,此为正常现象。需在设备完全启动后确认设备状态。

2. BOM 启动处理

BOM 启动处理完成硬件设备的检测、与 SC 的通信检测、软件数据下载更新、参数数据下载更新、时钟同步、一票通和一卡通安全认证。

3. 操作员登录

售票操作员登录进入日常售票业务处理,系统维护人员登录进入系统维护业务处理。当 BOM 启动处理不成功时,则只能由系统维护人员登录进入系统维护业务处理。

4. 日常售票业务处理

售票操作员登录后,可进行 BOM 的基本业务和辅助业务处理。基本业务包括 BOM 售票、BOM 出站票、BOM 办卡、BOM 补票,辅助业务包括 BOM 工作交接等。

5. 系统维护业务处理

系统维护人员登录后,系统进入系统维护业务处理,可进行设备管理、系统设置、运行数据管理、程序和数据下载更新。

6. 无操作超时/间休

当售票操作员没有进行任何操作的持续时间超过参数设定的时间后,系统界面跳转到登录界面;售票操作员需要短暂离开 BOM 工作台时,执行间休功能,系统界面跳转到登录界面。这两种情况下,其他操作员不能登录进入系统。

7. 结账处理

当售票操作员结束本班次售票工作后,执行此功能完成本班次业务结算和统计。

8. 签退

当售票操作员需要从系统中退出时,可选择签退功能。

9. 关机

通过使用系统界面上的关机功能关闭电源,结束本机操作使用。关机前必须先结账,不结账不能关机。

关机需要遵守"一清理,二结账,三关机,四汇报"的流程。

(1)一清理:清理废票箱中的废票。

(2)二结账:进行结账操作、打印结账总水单。

(3)三关机:数据结算,进行关机操作。

(4)四汇报:确认关机结束,向值班站长汇报。

注意事项:

(1)完成所有售票设备的业务处理后再进行售票数据核对工作,并确认所有售票设备已进入"暂停服务"模式,避免结账后再有新的数据产生,影响交易数据的准确性(BOM 的业务结束,在本机"注销"后执行"业务结束";TVM 的业务结束,在 SC 工作站上直接向 TVM 逐台发送"设备休眠"命令)。

(2)当 BOM 打印纸边缘出现红色用尽提示时,要及时更换打印纸。换纸后需按下打印机面板上的 FEED 键,待打印机 STATUS 红灯灭时方可正常打印。

(3)在运营时间内,严禁进行密码修改业务,避免对设备造成影响。

(4)售票设备发生故障后必须在相关台账上做好记录并及时报维修单位,避免因维修不及时影响生产运营工作。

(5)应准确记住本人 ID 和密码,输错 3 次即锁定设备。

二、车票出售

单程票发售有两种选择方式:一种是直接选择票价和张数;第二种是通过选择起点和终点得到票价,之后选择张数。

1. 发售普通单程票的流程

半自动售票机发售普通单程票是指在自动售检票模式下,由车站在售票/问讯处半自动售票机上根据乘客的需要向乘客出售单程票。发售单程票遵守"一问,二收,三唱,四作,五交"的流程。

(1)一问:问清乘客欲购票张数和目的地。

(2)二收:收取乘客的购票款,如图 5-10 所示。

图 5-10　验币

(3)三唱:唱收票款金额及乘客欲购票张数。

(4)四作:操作半自动售票机制作单程票,如图 5-11 所示。

图 5-11　售票

(5)五交:将票和所找的零钱同时交给乘客。

2.发售单程票在 AFC 系统上的操作流程

AFC 系统为每个操作员都设定了唯一的操作员号(ID)和密码,任何人使用设备时,必须首先使用 ID 和密码登录设备,才能进入设备的操作界面进行操作。

(1)登录。

打开半自动售票机电源开关,系统启动后,半自动售票机主程序自动以全屏方式运行。此时,操作界面中各功能模块(如"分析车票"和"数据查询"等)的功能按钮均处于未激活状态,需要点击"班次登录"按钮,输入班次操作员号(ID)和密码进入程序主界面后(图 5-12),这些按钮才会根据该操作员的权限被相应地激活,操作员可开始系统允许的功能操作。

(2)发售单程票。

站务员在确认设备正常后,按有关设备操作的票务管理规定办理车票发售业务。站务员发售单程票时,将待发售的单程票放在读卡区,点击"单程票发售"

按钮,进入单程票发售界面。发售单程票分为两种不同的售卡方式:按金额发售单程票和按站点发售单程票。按站点发售,选择目的站后,应收金额栏会显示出到该站的票价,然后在实收金额栏输入实际收到的金额,并点击"发售"按钮,半自动售票机开始发售单程票,如图 5-13 所示。

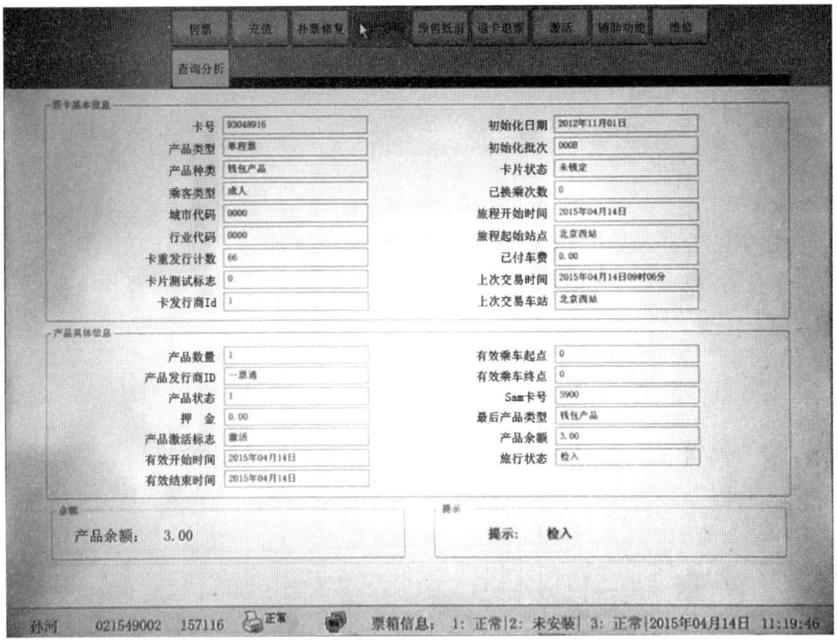

图 5-12 操作界面

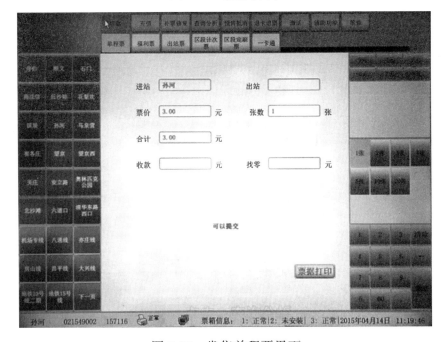

图 5-13 发售单程票界面

(3)签退。

三、一卡通发卡

车站正常运营时,一卡通在车站售票/问讯处发售。有些城市轨道交通运营企业考虑到一卡通成本问题,要求乘客在购买一卡通时需要交纳一定的押金。目前,许多城市轨道交通乘客使用的一卡通均为各城市公共交通一卡通,城市轨道交通运营企业不再出售其专用一卡通。

(一)一卡通发卡流程

(1)售票员为乘客办理一卡通充值时,首先检验钱币并确认金额。

(2)将一卡通放在读卡区,如图5-14所示。

图5-14 读卡

(3)单击一卡通按钮。

(4)进入一卡通操作界面,点击充值金额,输入相应的钱数,再点击收款并输入钱数,后点击"确定",如图5-15所示。

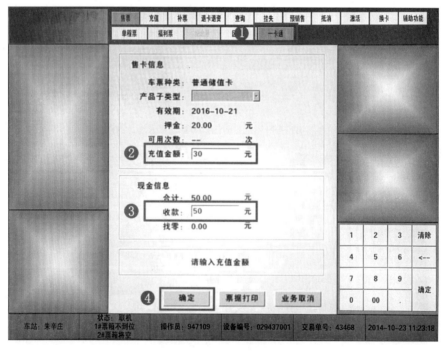

图5-15 充值界面

(5)确认票卡,找零并打印发票。

(二)注意事项

一卡通发卡时,须向乘客收取20元押金。

四、一卡通充值

(一)一卡通充值流程

一卡通发卡/充值需要遵守"一问,二收,三唱,四作,五交"的流程。一问:问清乘客欲购票制、张数及充值金额;二收:收取乘客购卡、充值款;三唱:唱收票款的金额及乘客购票的张数、金额;四作:操作半自动售票机进行发售充值;五交:将储值卡和所找零钱、水单同时交给乘客。

(1)了解乘客充值金额及数量。

(2)检验钱币并确认金额。

①查看纸币,将纸币放置于验钞机上;

②确认无误,将纸币放于钱箱。

(3)操作半自动售票机充值。

①将一卡通放在读卡区;

②单击一卡通按钮,进入一卡通操作界面;

③将要发售的一卡通放在一卡通读卡区;

④单击主界面的一卡通按钮,在一卡通操作中单击充值金额,并输入充值金额;

⑤点击收款,并输入收款金额。

(4)确认票卡、找零、发票。

点击票据打印,票据打印机打印发票;撕下发票,盖章,将票卡、票据、余额交于乘客。

(二)注意事项

(1)在一卡通卡的发售及充值作业中,应注意在完成所有业务作业后,不要急于将一卡通卡拿离BOM外部读卡器,一定要在BOM显示屏显示作业已完成后,方可将一卡通卡拿离,否则容易造成数据并未写入一卡通卡的情况发生。

(2)在一卡通卡的发售及充值作业中,应注意在最后一步"收取金额"菜单栏中输入收取乘客金额数后,一定要点击"打印"及"确认",由于BOM不具备追打水单功能,如果乘客向售票员索取打印水单,售票员将不能进行追打,此时,很容易造成乘客投诉等不良后果。

五、补票作业

(一)非付费区补票作业流程

站务员在补票作业中应当遵循"一查询,二确认,三操作"的流程。

一查询:将票卡放在 BOM 上进行查询,获得发行时间、发行车站、乘车记录、卡内余额等车票信息,如图 5-16 所示。

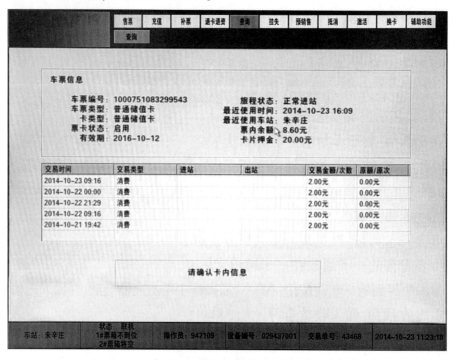

图 5-16　查询界面

二确认:认真确认补票界面,正确输入补票金额,并再次与乘客进行核对补票信息的准确性,如图 5-17 所示。

三操作:根据车票使用办法对车票进行扣费、补记录等操作。

(二)付费区补票任务实施

1. 查询乘客异常票卡

乘客:你好,我的卡刷不出去。

站务员:稍等,我帮您查一下。

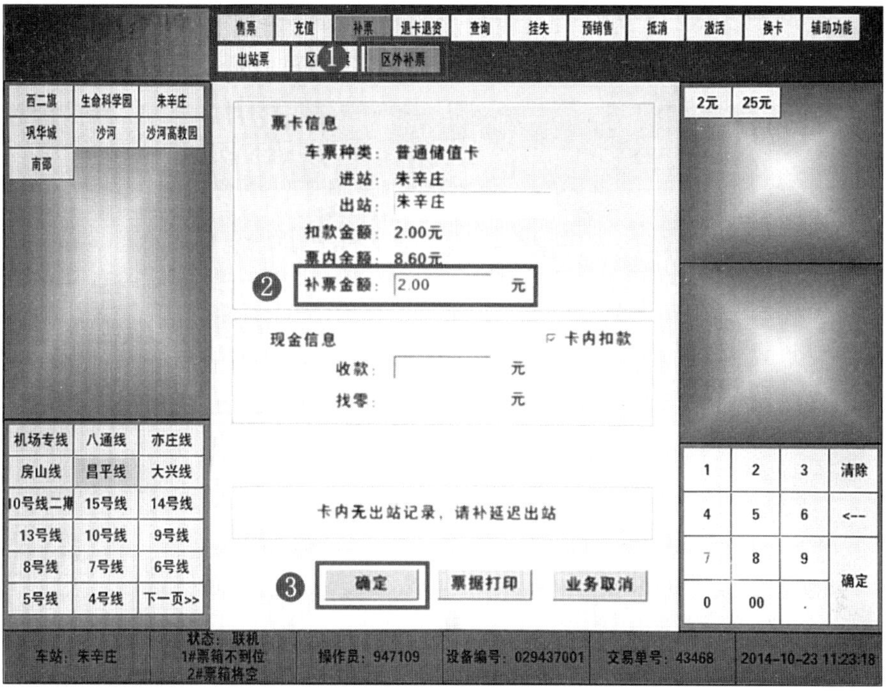

图 5-17 补票界面

2.票卡分析

(1)将一卡通放于读卡器上,点击充值;

(2)确认乘客上次出站没有刷上,进行补出站操作。

3.补票操作

(1)点击补票界面的区域补票;

(2)补票完成后将票卡交还到乘客手中。

(三)注意事项

票务员在进行补票作业时,需认真确认界面,核对补票金额是否正确。避免误操作。

六、车票分析

车票分析是指通过半自动售票机分析车票的信息。票务员在接到乘客提供的车票后,首先必须进行车票分析,并根据分析结果进行后续处理。

首先选择是付费区操作还是非付费区操作,将要分析的车票放在读卡区,点击"分析车票"按钮,就能在车票状态栏看到票卡当前的状态,如车票票卡号、种类、最近一次进出的车站、进出站时间、车票余额等信息,同时在分析结果栏显示出系统对票卡状态进行分析的结果。车票分析界面如图5-18所示。

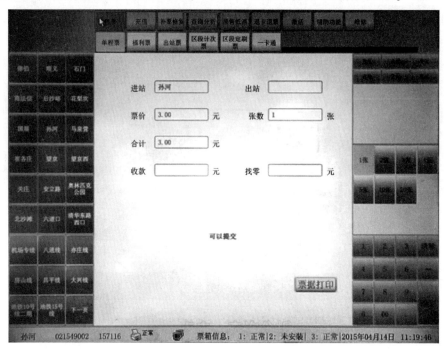

图5-18　车票分析界面

七、车票抵消

当一个班次内预制的单程票未售完时,应及时将这些已经赋值的单程票抵消(即变成为赋值的单程票)。

(一)车票抵消操作要求

(1)此功能目前只对当天本台半自动售票机(BOM)发售的未进站单程票有效;

(2)只能抵消当天本台半自动售票机(BOM)发售的未进站的单程票。

(二)车票抵消操作

(1)可逐张把车票放置在桌面读写器上;

(2)当完成本车票抵消后可移走车票;

(3)放置下一张车票继续抵消。

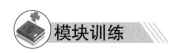模块训练

"半自动售票机相关作业"任务训练单见表5-1。

任 务 训 练 单　　　　　　　　　　　　　表5-1

任务训练单	半自动售票机相关作业
任务目标	掌握半自动售票机的售票作业流程,能进行半自动售票机退票作业,能进行半自动售票机乘客乘务处理,并能够进行简单的日常维护及常见故障处理工作
任务训练	任务训练说明:请从下列任务中选择两个进行训练。 半自动售票机运用、车票出售、一卡通充值、补票作业、退票作业、车票超程的乘务处理、车票超时的乘务处理、车票无效的乘务处理、车票进出次序错误的乘务处理、半自动售票机日常维护、卡票处理、票箱故障、半自动售票机(BOM)无法打印
任务训练一: (说明:总结作业流程,并在实训室进行实操训练或者在模拟软件上完成实操训练)	
任务训练二: (说明:总结作业流程,并在实训室进行实操训练或者在模拟软件上完成实操训练)	
任务训练的其他说明或建议:	
指导老师评语:	
任务完成人签字: 指导老师签字:	日期:_____年____月____日 日期:_____年____月____日

模块小结

本模块讲述了半自动售票机的售票作业、退票作业、乘客乘务处理的操作要求及流程。要掌握这些内容,首先要掌握半自动售票机的结构、功能等。半自动售票机由主控单元、主操作显示器、乘客显示器、打印机、钱箱、发行单元读写器、桌面读卡器、电源等独立设备组成。半自动售票机具有票务处理、系统维护和安全管理等功能。

同时,本模块介绍了半自动售票机的日常维护和常见故障。其中半自动售票机的常见故障包括卡票、票箱故障、更换票箱后仍然显示"票箱空"、半自动售票机无法打印、半自动售票机机自身故障等。模块中对于这些常见故障给出了相关的处理案例。

模块自测

一、填空题

1. 半自动售票机是功能较全面的终端设备,设于_____。
2. 半自动售票机由_____、钱箱等独立设备组成,它们通过相应_____进行连接。
3. 半自动售票机的功能分为_____和_____。
4. 票务处理的基本业务功能包括_____。
5. 半自动售票机运行模式包括_____。
6. 根据退票的责任不同,退票可分为_____及_____。
7. 乘客责任退票是指由于乘客自身原因造成购买单程票后不能及时乘坐或者储值票存有余额但_____时产生退票以及无效票产生退票的情形。
8. 半自动售票机常见的乘客票务处理主要有_____等。

二、简答题

1. 半自动售票机的主要功能有哪些?
2. 简述半自动售票机的组成。
3. 分析半自动售票机的发展趋势。
4. 半自动售票机有哪些类型的乘务处理,分别应该如何操作?
5. 简述半自动售票机日常维护内容及流程。
6. 简述半自动售票机的常见故障。
7. 请您根据本模块所学的知识,上机完成半自动售票机的实操练习。

模块六　自动检票机

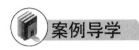
案例导学

小美从书包里找出一卡通,把它放在进站闸机感应处。但闸机门并没打开,而是出现了警报声。原来是小美昨天出站的时候并没刷上,以至于一卡通的状态还是未出站状态,因而使她不能顺利进站。在车站值班员的帮助下,小美的一卡通补充上了昨天的出站记录,再次刷卡时,小美顺利地进入车站。

经过这一件事,小美才知道原来这个进出站的闸机就是自动检票机。这个自动检票机是由什么构成的?在车站运营过程中车站值班员需要对它进行哪些操作?自动检票机会出现什么样的故障?这些疑问将在这一模块中得到解答。

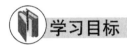
学习目标

(1)掌握自动检票机的结构;
(2)掌握自动检票机的功能;
(3)了解自动检票机的未来发展趋势;
(4)熟悉自动检票机监票作业内容;
(5)掌握自动检票机监票服务内容;
(6)熟悉自动检票机界面显示;
(7)了解自动检票机的工作原理;
(8)了解自动检票机票务异常情况处理原则。

任务一　自动检票机功能

地铁自动检票机(AG)通常也称为闸机,将车站的站厅分割成付费区和非付费区,乘客在进入和离开付费区时检票类设备对车票的有效性进行检查,对有效车票进行处理和放行,阻挡并对持无效车票的乘客进行相应的处理。自动检票机分为进站检票机、出站检票机、双向检票机、宽通道双向检票机四类。自动检票机如图 6-1 所示。

图 6-1　自动检票机

一、自动检票机功能

自动检票机的设计满足乘客右手持票快速通过的需求,即检票装置设置在乘客右手一侧,能够接受轨道交通专用车票和市政交通一卡通车票。自动检票机可自动读取乘客所持车票的相关信息,判断车票是否有效,并允许持有效车票的乘客通过。经过处理的车票数据通过网络被发送至车站计算机(SC)处。自动检票机通过检测,会阻止未持票或持无效车票的乘客通过。但是,自动检票机只对身高 120cm 以上的乘客进行是否持有车票的检查。

自动检票机通过 LCD 显示器、指示灯、警报器向乘客以及车站站员提供必要的指示信息及显示相关状态。自动检票机能够控制顶棚向导标志,并接收紧急按钮发出的信号。当车站处于紧急情况或设备失电时,所有闸门全部打开。自动检票机可以根据上位机下发的相应模式变更信息,做出相应模式的改变。

二、自动检票机发展

2008 年 6 月 9 日,北京地铁自动售检票系统正式开通,主要由三星、方正、中软、泰雷兹等集成商组成,这些集成商大多采用引进国外原装设备,如机场线、13 号线自动检票机采用日信产品,5 号线自动检票机采用欧姆龙产品等。近些年,面对 AFC 系统的变化及市场的需求,在引进关键技术的基础上,各大厂商已经进行了自动检票机的国产化工作,有了自主知识产权产品,利于日后的设备检修作业及日常维护,降低了耗材成本。

任务二　自动检票机结构

自动检票机的界面主要是指面向乘客的提示信息,包括乘客显示器、方向指示器、语音提示、警示灯等,见表6-1。

自动检票机界面　　　　　　　　　　　　　　　　　　表6-1

类　型	作　用	示　例
乘客显示器	向乘客显示车票处理结果,显示设备运营模式、状态等提示信息	
方向指示器	提示通道进出方向是否可用	
警示灯	报警、无效票	
员工票灯	使用员工票时显示	
优惠票灯	当乘客使用优惠类车票(例如福利票)则显示	
刷卡指示灯	根据模式显示	

续上表

类　　型	作　　用	示　　例
语音提示	乘客正确使用车票、正确过闸等语言提示信息	例如："请您通知工作人员"

自动检票机主要包括乘客检测传感器、投入口、通行显示器、操作单元、闸门、电源单元、主控单元、AC输入部、扬声器、通道通行显示器、复位开关、通行显示灯、异常内容显示开关、回收单元、读卡器等，示意图如图6-2所示。

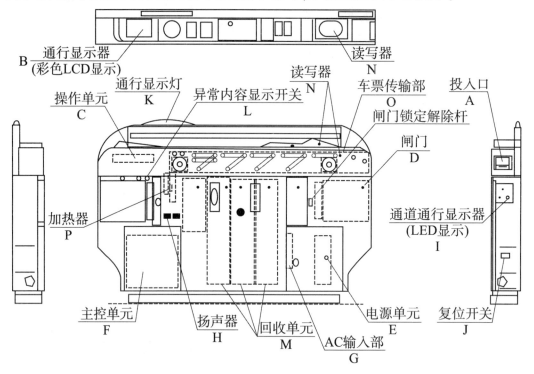

图6-2　自动检票机设备组成

表6-2是对图6-2中所标注的各个部位进行了详细阐述，表中第一列所示的标记对应于上述自动检票机设备构成示意图中的A～N。

自动检票机主要组成单元列表　　　　　表6-2

部位	单元	结　　构	备　　注
—	机箱部	主机用钢板制作； 不上锁时处于正规位置，是稳定的； 设备的维修可以全部在通道侧进行	

续上表

部位	单元	结 构	备 注
—	乘客检测传感器	使用穿透型和反射型传感器,用光学检测乘客的通行方向	反射型传感器检测儿童高度(约1.2m)
A	投入口	其结构便于车票的投入; 是IC卡专用投入口,可以退回车票; 各种车票都可以从前后、正反任意方向投入; 投入口在乘客通行的右侧; 投入口装有舌挡	
B	通行显示器	安装在行进方向右侧; 主机、从机上都安装; 彩色LCD(6.5in,约16.5cm)	
C	操作单元	乘客显示器横侧安装操作面板; 主机是站员和维修人员共享; 从机是维修人员使用	
D	闸门	拍打门; 闸门在开闭时,采用了对乘客安全的结构; 闸门以弹性体为主体,内部使用有耐久性的材料	有制止无效乘客等功能
E	电源单元	向控制单元、回收单元、闸门等提供必要的AC和DC电源	
F	主控单元	使用高性能微机; 具有与各种输入输出电路和外部进行通信控制的功能	进行以下的控制: 车票信息的判断; 各种异常检测; 乘客的通行控制; 回收单元的控制; 在站员操作部设置的各种功能的控制

续上表

部位	单元	结构	备注
G	AC输入部	在安装时,AC电缆可以方便地连接到端子排; 端子排上装有保护盖; 有漏电断路开关,断路开关的结构可以方便地进行检查操作	
H	扬声器	安装在主机上	
I	通道通行显示器	安装在投入口下部; 24×24点LED面板	
J	复位开关	每1个通道的出入口各设1个; 面向设备,安装在右侧	
K	通行显示灯	在导向显示画面上部安装显示灯; 安装3个灯	
L	异常内容显示开关	安装在彩色LCD下部	
M	回收单元 读写器	在基板上安装有天线电路和控制用CPU,控制读写; 基板可以方便地更换	回收票用
	传输部	由电机和磁驱动电路等构成; 基板可以方便地更换	票卡传输机构的控制
	分拣部	根据判断条件,把票卡引导到票箱或者废票箱	
	回收票箱	在同一个门内安装票箱、废票箱。 各箱的容量如下所示: 票箱为800张IC卡/箱; 废票箱为300张IC卡/箱	可以安装: 票箱3个; 废票箱1个
N	读写器	在基板上安装天线电路和控制用CPU,控制读写; 基板可以方便地更换	非回收票用

任务三　自动检票机作业

一、自动检票机监票作业内容

自动检票机监票作业主要内容是监护乘客进出自动检票机及对各种票卡使用的现场处理工作；依据公司相关规定，处理乘客违章事宜；在 AFC 系统大面积瘫痪后，人工售检票模式下的人工检票业务。自动检票机监票服务主要是帮助、指导、监护乘客通过自动检票机顺利进出车站。同时解答乘客问询，满足乘客合理要求。

(一) 监票作业流程

监票作业应当遵守"一听看，二提示，三疏导"的流程进行。

一听看：听设备提示音是否正确，看设备显示灯是否正确。

二提示：提示乘客正确刷卡、顺序进出站。

三疏导：宣传刷卡成功的乘客迅速进出站，引导票卡异常的乘客到售票室处理。

(1) 沟通：站务员与乘客沟通，确认乘客在刷卡进站/出站时所遇到的问题。

(2) 判断：站务员判断问题症结，例如乘客没有在感应区刷卡，因而自动检票机没有打开。

(3) 指导：站务员指导乘客退至黄线外，在感应区内刷卡进站/出站。

(二) 人工检票作业流程

人工检票作业应当遵守"一看，二撕，三放行"的流程进行。

一看：看车票是否有效，进站人数与车票张数是否相符。

二撕：撕下车票副券并将报销凭证交还乘客。

三放行：放行乘客进站乘车。

(三) 注意事项

(1) 指导乘客使用 AG 设备时应注意不要影响其他乘客进出 AG。

(2) 进行 IC 卡查询时请乘客亲自确认，并向乘客进行解释。

(3) 在处理具体事宜时应注意处理的方式，必要时可交由值班站长处理。

(4)乘客使用异常或无效的回收/非回收票时,AG 发出语音提示。

(5)刷卡过快超过技术规格指标时,会造成信息读写不完全,导致票卡错误无法正常使用,此为非接触式 IC 卡应用中常见现象。要确保进站时票卡接触感应区域 1s 以上。

二、自动检票机更换票箱作业

(一)更换票箱作业流程

AG 自动检票机是一个控制乘客进出站的通行控制设备。AG 可以处理由 TVM 或 BOM 发行的回收票,以及由 BOM 发行的非回收票。

票箱更换操作遵守"一监视,二设牌,三更换,四撤牌,五送箱"的流程。

一监视:通过 SC 监控 AG 内的票箱信息。

二设牌:更换票箱时,需设置设备检修提示牌。

三更换:根据需要进行票箱更换。

四撤牌:设备恢复正常后,将设备检修提示牌撤走。

五送箱:换下的票箱需送回 AFC 室进行清点。

具体操作步骤如下。

(1)判断:通过显示器上的显示信息判断票箱已满,并需要更换票箱来保证持续运营。

(2)登录系统:打开进站端的机箱盖,使用操作单元输入工号及密码,点击回车键登录 AG 系统,进入站务员管理页面后选择票箱更换,在票箱更换页面中选择卸下票箱,随即便跳出装卸操作警告提示,选中需要更换的票箱按回车键,等到"卸下票箱操作完成"的提示弹出后就可以装卸了。

(3)票箱更换:打开出站端的机箱盖,松开回收单元的传输部件,取出已满的票箱,装上完好的空票箱,先抬起传输部件,将票箱推入合理的位置,并把票箱固定锁扣锁好,把传输部件调试到能正常将票卡导入票箱的状态,锁闭出站端的机箱盖。

具体卸下票箱步骤如图 6-3 所示。

①接收来自上位机的票箱更换命令。

②托盘向下移动。

③检测车票的最高位置,当检测到车票的最高位置低于指定的位置时,停止移动托盘。

④关上顶盖。
⑤打开工作锁(顶盖被锁上)。
⑥托盘被固定。
⑦拨动开关至"OFF"。
⑧托盘移动机构下降。
⑨拆卸票箱。

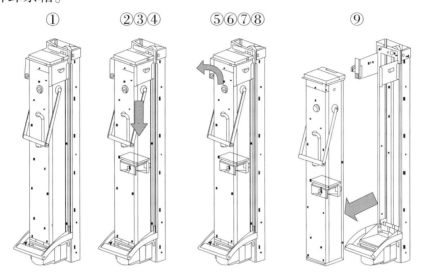

图6-3 拆卸票箱的操作流程

将装满单程票的票箱拆卸下后,更换上空的票箱。安装票箱的工作过程如图6-4所示,要按顺序进行,在完成当前动作之前不能进入到下一个动作。

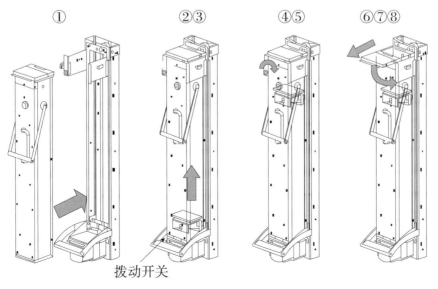

图6-4 安装票箱流程

①安装票箱:利用票箱前面的把手,以水平方向把票箱小心地安装在IDConnector上。

②检测票箱安装到位(检查票箱ID)。

③拨动开关到"ON"。

④托盘移动机构带动托盘向上移动。

⑤检测车票最高位置,当检测到车票最高位置到达指定的位置时,停止移动托盘。

⑥锁上工作锁(顶盖锁机构松开)。

⑦固定托盘的机构松开,打开顶盖。

⑧回收或售模块初始化。

票箱安装完毕后,在维修面板中选择安装票箱,退出维修面板并注销,推进并关好维修门。设备读到不同的票箱ID后计数器清零,完成票箱更换工作,随后站务员将换出的票箱运回票务室进行清点。

(4)系统确认:到进站端使用操作单元,在票箱更换页面中选择装上票箱,随即便跳出装卸操作警告提示,选中已经更换的票箱按回车键,待"装配票箱操作完成"的提示弹出表明确认成功。确认完后锁闭进站端的机箱盖。

(二)注意事项

(1)自动检票机票箱更换时,监票人员应在对应通道设置"暂停服务"指示牌,主动引导乘客使用其他通道。

(2)有的地铁线路的AG自动检票机乘客显示屏的右上角位置,有票箱内车票数量的数字显示,监票人员可以根据显示屏的提示判断是否需要更换票箱。

(3)自动检票机票箱更换时,应严格按照操作流程将票箱整体卸下,待票箱卸下后再取装车票,不能违规在自动检票机上直接打开票箱。

(4)更换票箱时,必须交换物理位置。

(5)运营安全。

①更换AG票箱时,尽量考虑在非运营时间或客流较少的运营时间进行。

②更换时注意安放警示标识,隔离自动检票机,不要让乘客围观。

(6)设备安全。

①按照规定的操作流程执行,禁止野蛮操作。

②卸下和安装票箱时尽量用双手,并避免刮碰到票箱和设备。

（7）人员安全。

①采用合适的人力抬举方式，避免伤到自己。

②更换票箱时是带电作业，注意不要触电。

三、重启自动检票机操作

（一）下电与上电

打开自动检票机主维修门，找到空气隔离开关（电源开关），将开关拨到向上位置。

（二）开机与关机

在设备上电的情况下，将主控制器的电源开关拨到"打开"位置（图6-5），如果上次是正常关机，则还需要单击主控制器的"reset"开关。

图6-5　自动检票机空气隔离电源开关

（三）开关机操作使用注意事项

（1）自动检票机启动时，必须保证所有维修门关闭，通道畅通。

（2）进行操作前，请确保所有刷卡的有效乘客都已过闸。

（3）不要插拔设备的连接线，如果必须要插拔，应先退出系统，关机断电后再进行。

（4）不要互换模块的连接端口。

（5）打开维修门后在规定的时间内必须登录。

（6）在登录维修面板前不要动票箱；登录维修面板后，在系统规定的时间内没有任何操作，则自动签退。

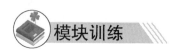

模块训练

任务训练单

"自动检票机相关作业"任务训练单见表6-3。

任 务 训 练 单　　　　　　　　　　　　　表6-3

班级：　　　　　姓名：　　　　　训练时间：

任务训练单	自动检票机相关作业
任务目标	掌握自动检票机的监票作业流程,能进行自动检票机的常用操作
任务训练	任务训练说明:请从下列任务中选择其中的两个进行训练。 自动售票机监票作业、更换票箱作业、重启自动检票机操作
任务训练一: (说明:总结作业流程,并在实训室进行实操训练或者上机在模拟软件上完成实操训练)	
任务训练二: (说明:总结作业流程,并在实训室进行实操训练或者上机在模拟软件上完成实操训练)	
任务训练的其他说明或建议:	
指导老师评语:	
任务完成人签字: 指导老师签字:	日期:_____年____月____日 日期:_____年____月____日

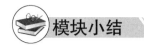

模块小结

本模块重点介绍了自动检票机的监票作业和常用操作。为了能够掌握自动检票机的常用作业,我们必须要掌握自动检票机的构成、功能等内容。自动检票机主要包括乘客检测传感器、投入口、通行显示器、操作单元、闸门、电源单元、主控单元、AC 输入部、扬声器、通道通行显示器、复位开关、通行显示灯、异常内容显示按钮、回收单元、读卡器等。

模块自测

一、填空题

1. 地铁自动检票机(AG),通常也称为闸机,将车站地站厅分割成_____和_____。

2. 自动检票机分为_____、_____、_____、_____四类。

3. 自动检票机主要包括_____、_____、_____、_____、闸门、电源单元、主控单元、AC 输入部、扬声器、通道通行显示器、复位开关、通行显示灯、异常内容显示按钮、回收单元、读卡器等。

4. 自动检票机的界面主要是指面向乘客的提示信息,包括、_____、语言提示、警示灯等。

二、简答题

1. 简述自动检票机的结构及功能。
2. 分析自动检票机的未来发展趋势。
3. 自动检票机有哪几种常用操作,并简述各类操作的作业流程。
4. 简述自动检票机检票作业流程。
5. 请您根据本模块所学的知识,上机完成自动检票机的实操练习。

模块七 手持检票机

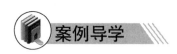

小刘在乘坐地铁时,由于在地铁客流高峰期,车站自动检票机出现了故障,在车站值班员的指引下,由车站客运人员采用手持检票机开始检票工作,经过地铁车站工作人员有序引导,乘客有序进站,没有出现混乱的状况。

经过此事,小刘认识到了手持检票机的重要性。这个手持检票机是怎样构成的?手持检票机的功能是怎样的?这些问题将在这一模块中得到解答。

(1)掌握手持检票机机的功能和原理;
(2)掌握手持检票机的结构与操作。

手持检票机由车站工作人员随身携带,是对乘客使用车票进行检票和验查的设备,能读写轨道交通专用票和一卡通票的数据。手持检票机便携式检/验票机可在不同的车站与不同区域(付费区/非付费区)之间移动操作。

任务一 手持检票机功能和原理

手持检票机由车站工作人员随身携带,是对乘客使用车票进行检票和验查的设备,能读写轨道交通专用票和一卡通票的数据。手持检票机可在不同的车站与不同区域(付费区/非付费区)之间移动操作。

一、手持检票机功能

手持检票机作为一种辅助检验票设备,具有便携、可移动的特点,由车站工作人员手持为乘客提供进站检票、出站检票和在付费区进行验票服务,在出现客流高峰或自动检票系统出现故障时缓解自动检票机的工作压力。手持检票机便携式检票机可以显示车票的检票和查询结果,可以显示车票上记录的所有交易信息。

二、手持检票机原理

在车站监控工作站上对手持检票机进行注册领用后方可使用。将票卡放置在刷卡区,可对票卡进行票卡查询,进站标记,出站扣费等操作;运营结束后利用数据线缆与车站监控工作站连接上传本机产生的交易数据,审计数据与日志;还可对本机进行基本参数配置。

任务二　手持检票机结构与操作

一、手持检票机构成

手持检票机主要由主控单元、内存、读卡器及天线、显示器、主机、12 V 直流电适配器(DC Adapter)、电池(Battery)等部件或模块组成,可参见图 7-1 和图 7-2。

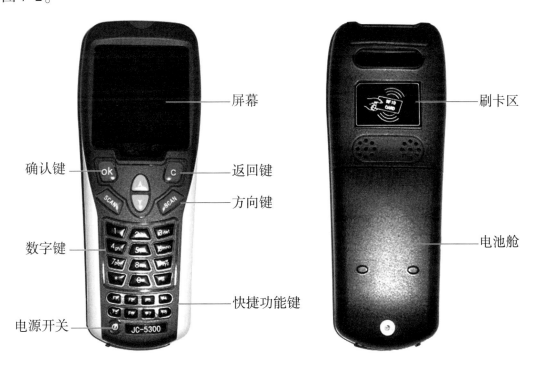

图 7-1　手持检票机设备外观及各部件名称(1)

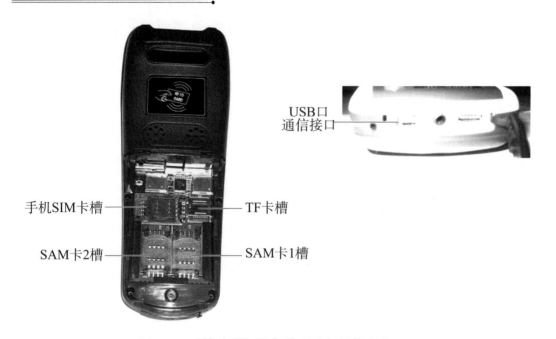

图 7-2　手持检票机设备外观及各部件名称(2)

二、模式设置

手持检票机的模式设置为进站检票、出站检票和查询车票模式。

注意事项：

(1)手持检票机首次在车站使用时,必须对其进行初始化注册。

(2)手持检票机在使用过程中,如遇模式改变,需重新连接 SC 接收参数。

(3)手持检票机使用后必须在运营结束前逐台注销。

三、手持检票机监票作业

手持检票机进行监票作业时,需按照"一注册,二使用,三注销"的流程进行。

运营日开机→在工作站下载新参数,使用前与车站 SC 连接注册→正确使用设备为乘客提供进站监票、出站监票和在付费区进行验票查询服务→向 SC 传送交易记录,并进行注销→运营日结束连机注销→关机。

注意事项：

(1)当车站参数发生变化时,当前正在使用的手持检票机必须立即停止使用,并连机接收最新的参数设置。

(2)手持检票机接收"模式解除"后,并没有新的模式存在,则系统自动回到"正常服务模式"。

(3) 如果手持检票机有未上传的交易记录时,会提示操作员是否立即上传;操作员可选择立即上传数据,也可以暂时不上传等新的交易数据产生后一起上传。

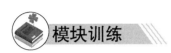 模块训练

任务训练单

"辅助设备的相关作业"任务训练单见表7-1。

任务训练单　　　　　　　　　　　　　　　　　　　表7-1

班级：　　　姓名：　　　训练时间：

任务训练单	辅助设备的相关作业
任务目标	能进行手持检票机的监票作业
任务训练	任务训练说明:使用手持检票机进行模式设置、使用手持检票机进行监票作业
任务训练一： (说明:总结作业流程,并在实训室进行实操训练或者上机在模拟软件上完成实操训练)	
任务训练二： (说明:总结作业流程,并在实训室进行实操训练或者上机在模拟软件上完成实操训练)	
任务训练三： (说明:总结作业流程,并在实训室进行实操训练或者上机在模拟软件上完成实操训练)	
任务训练的其他说明或建议：	

续上表

指导老师评语：		
任务完成人签字：	日期：_____年___月___日	
指导老师签字：	日期：_____年___月___日	

模块小结

本模块介绍了手持检票机的监票作业等内容。

要掌握手持检票机的监票作业，必须了解手持检票机的构成、功能等。手持检票机主要由主控单元、内存、读卡器及天线、显示器、主机、12V 直流电适配器、电池等部件或模块组成。

模块自测

一、填空题

1. 手持检票机主要由_____、_____、_____、_____、主机、12V 直流电适配器（DC Adapter）、电池（Battery）等部件或模块组成。

2. 手持检票机的模式设置为_____、_____和_____。

二、简答题

1. 简述手持检票机的检票作业流程。

2. 请您根据本模块所学的知识，上机完成手持检票机的实操练习。

模块八　车站计算机

小张在乘坐地铁时,了解到地铁车站是一个庞大的管理系统,主要由车站计算机管理系统来统筹车站各个设备系统的运转,并汇总各个设备系统的数据。

经过此事,小刘认识到了车站计算机管理系统的重要性。这个车站计算机管理系统是怎样构成的?车站计算机管理系统的功能是怎样的?这些问题将在这一模块中得到解答。

(1)掌握车站计算机管理系统的构成;
(2)掌握车站计算机管理系统的操作与维护。

任务一　车站计算机管理系统

车站计算机管理系统(Station Computer,SC)是线路 AFC 系统内的车站管理系统,负责车站的运营、票务管理。车站计算机管理系统可收集、处理车站内各类数据,上传到线路计算机管理系统(LC);车站计算机管理系统可接收线路计算机管理系统下传的各类系统参数,下载到车站各车站设备;车站计算机管理系统可接收线路计算机管理系统下达系统各类指令,并下传到各车站设备;车站计算机管理系统还可根据需要自行向车站设备下达控制指令,并将该操作记录上传到线路计算机管理系统。

一、车站计算机管理系统构成

车站计算机管理系统由车站服务器、工作站、网络设备、打印机等部分组成。具体如图 8-1 所示,其中黑色标注圈内为车站计算机系统构成。

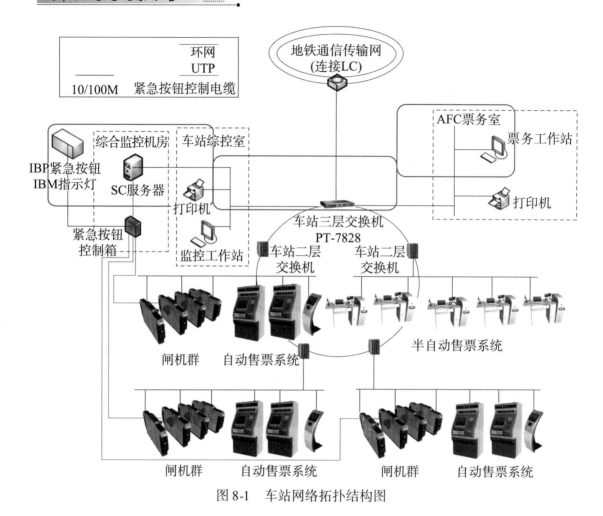

图 8-1　车站网络拓扑结构图

(一) 车站服务器

车站服务器为车站 AFC 系统的核心部分,每座车站配备一台运营服务器,可对本车站内部的所有设备进行实时监控,实现对车站 AFC 系统运营、票务、收益及维修的集中管理功能。

(二) 车站网络设备

车站网络设备包括二层交换机和三层交换机,其中三层交换机每座车站配备一台,用于连接车站服务器、车站紧急按钮控制系统、UPS 电源系统、车站监控工作站和票务工作站,并与车站所有二层交换机组成一个环形工业以太网,保障车站内部的网络通信正常可靠,同时此三层交换机还通过通信专业的采集板挂接到线路数传通道中,由此完成车站与车站之间、车站与线路中心之间的可靠通信。车站二层交换机配备数量与车站需挂载的终端设备数量、设备位置有关。

(三)车站紧急按钮控制系统

车站紧急按钮控制系统设置在车站 AFC 系统机房内,是保障车站在突发紧急情况下放行乘客的一种模式设置。这套系统包括紧急按钮控制盒和触发按钮,触发按钮设置在综控室内综合监控操作盘上,并设有铅封的保护,非紧急情况不得随意触发。因为此模式一旦触发,会致使模式履历通过 ACC 下发到其他线路的所有车站和本线路其他车站的所有终端上,允许路网内任意票卡在没有出站交易的情况下 7 天内可免费乘车一次,这会对路网内票款清分和流失造成严重后果。

(四)车站工作站

车站工作站由监控工作站和票务工作站组成,分别设置在综控室和票务室。监控工作站在日常工作中主要为客运人员提供设备监控、客流管理、报表管理等功能。票务工作站主要为客运人员提供完成钱票箱认领与归还、财务管理、库存管理等功能。

(五)车站打印机

车站打印机主要提供车站各种报表的打印服务。

二、车站计算机管理系统功能

车站计算机管理系统包括监控管理、运营管理、设备管理、客流管理、财务管理、数据管理、报表管理、系统管理八个功能。

(1)监控管理功能:车站中心设备能实时监控本站 TVM、BOM、AG 的运行状态和故障信息,并模拟车站设备布置位置,以图形化的形式监控车站各种设备的通信状态、运行状态及故障情况,在车站设备状态变化时能立刻自动接收其状态数据。

(2)运营管理功能:运营模式管理、运营时间表管理、票价表查询、参数管理、设置并管理站区及中心站。

(3)设备管理功能:设备构成管理、设备监视、设备控制。

(4)客流管理功能:客流监视、客流报表、客流分析。

(5)财务管理功能:现金管理、收益管理、收益核算、退换车票款查询、清算对账。

（6）数据管理功能：数据收集、数据处理、数据安全、数据审计、车票交易查询及异常处理、数据归档、外部媒体导入导出。

（7）报表管理功能：运营管理报表、客流管理报表、设备管理报表、财务管理报表。

（8）系统管理功能：用户管理、权限管理、日志管理、系统审计。

三、车站计算机管理系统发展

车站计算机管理系统主要跟随网络设备的更新和网络拓扑结构的优化而发展。AFC系统的线路中车站级网络结构不同，大多采用的是商用网络产品，有星形结构、总线型结构、单环结构等。

任务二　车站计算机操作与维护

一、系统登录与退出

（一）操作员登录

操作员登录界面如图8-2所示。

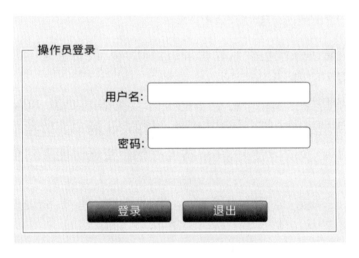

图8-2　操作员登录界面

注意事项：输入密码错误3次自动锁定，不能进入该账号，AFC指挥中心进行解锁方可使用。

(二)操作员退出(系统管理→注销)

操作员退出系统的操作步骤为:
(1)点击注销,SC工作站将退回到登录界面;
(2)操作员可以重新登录或者换其他用户再登录。

二、界面状态栏说明

界面状态栏显示当前工作站网络情况、服务器连接情况和数据库连接情况,见表8-1。

界面状态栏说明　　　　　　　　　　表8-1

名　　称	状　　态	状　　态
网络状态	网络正常	网络中断,工作站脱机,脱机下服务器和数据都终端
服务器连接情况	服务器连接正常	服务器连接中断
数据库连接情况	数据库连接正常	数据库连接中断

三、运营开始

在运营开始前,由当班行车值班员负责登录进入车站计算机管理系统,检测车站计算机与各终端设备的网络连接状况。

(1)运营开始步骤:

点击运营→点击运营开始→在"是否发送唤醒指令"打钩→点击设备运营开始→再点车站运营开始。

操作完毕,自动设备(AG、TVM、AVM、AQM)全部唤醒,设备自动运营开始。行车值班员在进行上述步骤操作后若发现车站设备未运营开始,应进行单台设备手动开启操作,网络通信中断时使用管理认证卡。

(2)BOM操作员开启BOM。

(3)检查现场设备是否全部开启且服务模式正确(如有未唤醒设备,使用车站设备监控,进行二次操作,唤醒失败,现场操作)。

四、设备监视

车站设备监控系统,如图8-3所示。

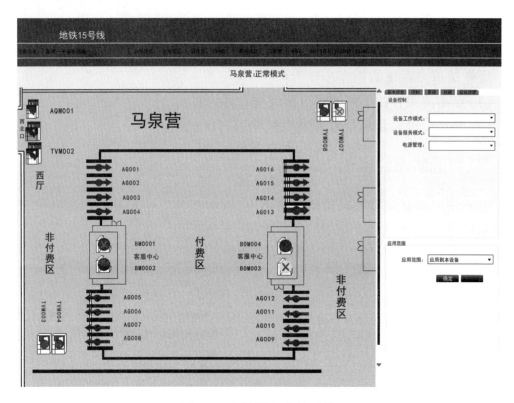

图 8-3　车站设备监控系统

(1)设备监视步骤:点击运营→点击设备监视。

确认、监视各种设备状态,点击相应设备,便可在右侧的状态栏里更改该设备的状态。如 SC 提示"钱箱将空""票箱将空"时,通知客运行车值班员到现场进行更换。可以按照值班站长的指令,更改双向自动检票机的通道方向,设定自助售票机具体的服务模式满足运营需要。当班行车值班员负责通过 SC 监控器监视各终端设备运行状态。

(2)更多状态查询。

点击右侧的更多状态查询,即可查询现在所有设备的状态。此界面也可以点击设备监视列表进行查看。

(3)更多故障查询。

点击右侧更多故障查询,即可查询现有的设备故障状态。遇设备故障时,确认故障类型、故障时间。

(4)遇故障按照下列规定处理:

①确认报警内容、报警设备号和报警原因。

②确认本站当前运营模式,必要时到现场进行查看,判断故障类型。

③如需更换自动检票机票箱或 TVM 钱箱、票箱,应及时更换。

五、群组控制

点击运营→点击群组控制,可对群组或单独设备进行状态的更改,如图8-4所示。

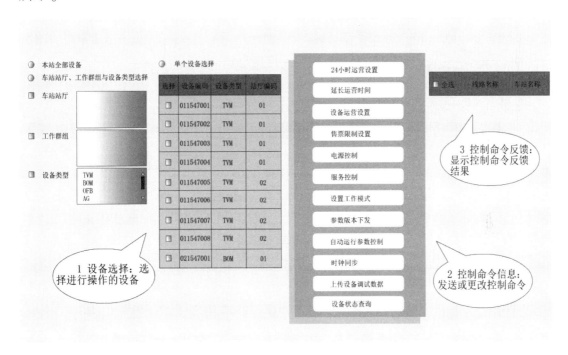

图 8-4 群组控制

六、客流监视

(1)客流监视。

点击运营→点击客流监视,可实时监视本站客流数据,如图8-5所示。

(2)客流历史查询。

①点击运营→点击客流历史查询,可分析查询历史客流数据。

②参数设置:设置监视需设置的参数,如统计、刷新时间间隔等。

③乘客数据显示区:显示客流走势。

④客流数据统计区:显示客流类型、当前数量及总数量。

七、运营结束

点击运营→点击运营结束,可结束运营,如图8-6所示。

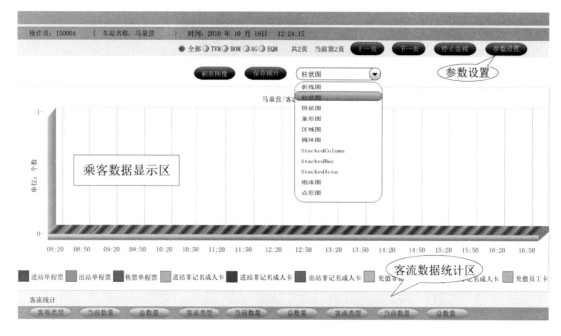

图 8-5 客流监视

图 8-6 运营结束操作

(1) 设备状态列表:此栏查询运营状态。

确认所有设备在运营结束状态下,操作 SC 运营结束。

(2) 提示:末班车后负责确认所有售票类设备结账作业完成后,在值班站长的指挥下通过 SC 关闭车站终端设备,结束本站全天服务,将打印的相关报表上交值班站长。

八、模式设置

点击模式→点击模式设置,可对车站的模式进行更改操作如图 8-7 所示。

图 8-7　车站模式设置

(1)车站模式作用:SC、LC 联网的情况下只能设置本线路本车站的正常模式和紧急模式;SC、LC 通信中断的情况下可以设置选择任意路线的任何车站进行模式设置。

(2)模式种类有:正常模式、紧急模式、降级模式。

正常模式:系统默认模式,可模式设定。

紧急模式:为非正常情况下的运行模式。

降级模式包括:列车故障运行模式、进站免检运行模式、出站免检运行模式、时间免检运行模式、日期免检运行模式、车费免检运行模式。

当选择"降级模式"时,可以对 6 个子模式进行组合。组合的规则是日期免检、时间免检、费用免检、进站免检和出站免检可以任意组合,但是和列车故障是互斥的;选择了列车故障模式后不能再选择其他模式,而选择了日期免检等 5 个任意模式后同样不能再选择列车故障模式。

九、收益管理

(1)班次结算:结算本班的售票、充值、IC 卡等的记录(图 8-8),点击收益→点击班次结算→输入操作员号码、选择班次。

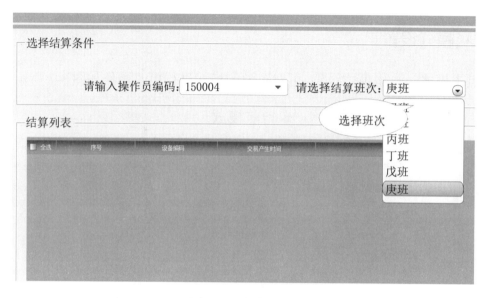

图 8-8　班次结算

（2）备用金领用、归还作为记账功能，可在交接班时进行领用归还操作，如图 8-9 所示。确定操作成功后，会在操作员领用信息列表中增加一条记录。

图 8-9　收益管理操作记录

十、报表

常用报表包括现金交易统计日报表（按设备）、现金交易统计日报表（按类别、车站进出站量），如图 8-10 所示。点击报表→点击打印报表，报表也可设置自动打印，如图 8-11 所示。

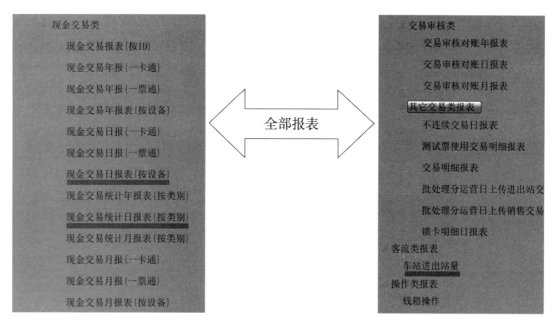

图 8-10 报表类型

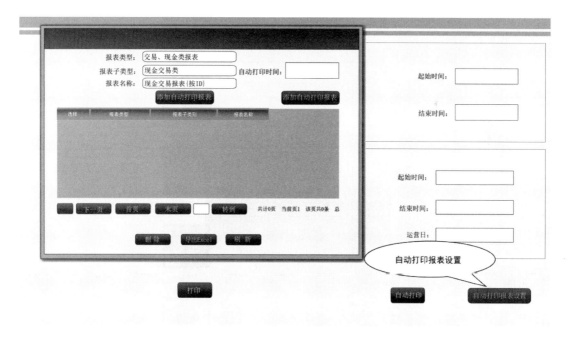

图 8-11 打印报表操作

十一、监视界面常用图标

监视界面常用图标见表 8-2。

监视界面常用图标　　　　　　　表 8-2

设备类型	部件名称	部件状态
TVM	关闭服务模式	
	紧急放行模式	
	暂停服务模式	
	受限服务模式	
	正常服务模式	
	电源关闭模式	
BOM	正常服务模式	
	单机服务模式	
	暂停服务模式	
	关闭模式	

续上表

设备类型	部件名称	部件状态
BOM	系统维护模式	
AG	正常服务模式	
	紧急放行	
	暂停(含维修)	
	关闭	
	受限	
EQM	正常服务模式	
	暂停服务模式	
	紧急放行模式	
	关闭服务模式	

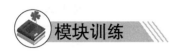

模块训练

任务训练单

"车站工作站相关作业"任务训练单见表8-3。

任 务 训 练 单　　　　　　　　　　表8-3

班级：　　　姓名：　　　训练时间：

任务训练单	车站工作站相关作业
任务目标	能进行车站工作站的常用操作
任务训练	任务训练说明：请针对车站工作站进行训练。 车站工作站系统的登录与退出、使用车站工作站进行设备监视、使用车站工作站进行群组控制、使用车站工作站进行客流监视、使用车站工作站进行收益管理
任务训练一： (说明：总结作业流程，并在实训室进行实操训练或者上机在模拟软件上完成实操训练)	
任务训练二： (说明：总结作业流程，并在实训室进行实操训练或者上机在模拟软件上完成实操训练)	
任务训练三： (说明：总结作业流程，并在实训室进行实操训练或者上机在模拟软件上完成实操训练)	
任务训练的其他说明或建议：	

续上表

指导老师评语：	
任务完成人签字： 指导老师签字：	日期：_____年_____月_____日 日期：_____年_____月_____日

模块小结

本模块讲述了车站工作站的相关作业。要掌握车站工作站的相关作业，必须掌握车站计算机管理系统的构成、功能等。车站计算机管理系统由车站服务器、工作站、网络设备、打印机等部分组成。

模块自测

一、填空题

1. 车站计算机管理系统由_____、_____、_____、_____、打印机等部分组成。

2. 车站服务器为车站 AFC 系统的核心部分，每座车站配备台运营服务器，可对本车站内部的所有设备进行实时监控，实现对车站 AFC 系统_____、_____、_____及_____的集中管理功能。

3. 车站网络设备包括_____和_____。

4. 车站工作站由工作站和工作站组成，分别设置在_____和_____。

5. 车站计算机管理系统包括_____、_____、_____、_____、_____、_____、_____、_____八个功能。

二、简答题

1. 简述车站工作站的结构及功能。
2. 说明车站工作站是如何进行设备监视、群组控制及客流监视的。

参 考 文 献

［1］ 上海申通地铁集团有限公司轨道交通培训中心.城市轨道交通概论［M］.北京:中国铁道出版社,2009.

［2］ 周顺华.城市轨道交通设备系统［M］.北京:人民交通出版社,2009.

［3］ 刘莉娜.城市轨道交通客运组织［M］.3版.北京:人民交通出版社股份有限公司,2021.

［4］ 赵时旻.轨道交通自动售检票系统［M］.上海:同济大学出版社,2007.

［5］ 裴瑞江.城市轨道交通客运组织［M］.北京:机械工业出版社,2009.

［6］ 于涛.城市轨道交通票务管理［M］.2版.北京:人民交通出版社,2011.

［7］ 丁楠.城市轨道交通自动售检票实务［M］.北京:中央广播电视大学出版社,2015.

［8］ 高蓉.城市轨道交通客运用服务［M］.3版.北京:人民交通出版社股份有限公司,2021.

［9］ 陈如柏.城市轨道交通自动售检票系统级票务处理［M］.北京:北京交通大学出版社,2021.

［10］ 杨甲,罗钦,徐瑞华.城市轨道交通网络清分方法研究［J］.城市轨道交通研究,2009(5).

［11］ 张彦,史天运,李仕达,等.AFC技术及铁路自动售检票系统研究［J］.中国铁路,2009.